PRESENT-DAY SPANISH

VOLUME 1

J. R. SCARR

M.A. (Oxon.), B.A. (London)
St Edward's School, Oxford

Illustrated by

Oxford Illustrators

D1080001

Wheaton

A Division of Pergamon Press

A. Wheaton and Company Limited
A Division of Pergamon Press
Hennock Road, Exeter EX2 8RP

Pergamon Press Ltd
Headington Hill Hall, Oxford OX3 0BW

Pergamon Press Inc.
Maxwell House, Fairview Park, Elmsford, New York 10523

Pergamon of Canada Ltd
Suite 104, 150 Consumers Road, Willowdale, Ontario M2J 1P9

Pergamon Press (Australia) Pty Ltd
P.O. Box 544, Potts Point, N.S.W. 2011

Pergamon Press GmbH
6242 Kronberg/Taunus, Pferdstrasse 1, Frankfurt-am-Main,
Federal Republic of Germany

First edition 1966
Reprinted 1969, 1971, 1972
Second edition 1977
Reprinted 1977, 1978, 1980

Printed in Great Britain by A. Wheaton & Co. Ltd, Exeter

ISBN 0 08 020520 8 non net
ISBN 0 08 020716 2 net

CONTENTS

CONTENTS

PREFACE

Present-day Spanish is a two-volume course for beginners of all ages who wish to study Spanish up to O-level standard. The course has been designed not only for those who wish to concentrate on the spoken language, but also for those who wish to follow a more academic course with some examination in mind.

Each reading passage is followed by a vocabulary and ten questions to test comprehension. The conversation passages, which deal with simple, everyday situations, are based on the reading passages, with a little additional vocabulary. The teacher may read these dialogues aloud to the class to indicate the correct pronunciation. The class can then be divided into pairs to practise the dialogues, while the teacher summons the different pairs to check on their individual accents. Alternatively, the dialogues can be used as rehearsal playlets in the classroom. Finally the teacher can ask the class to close their books while he tests their comprehension by reading the passage aloud at the Spaniard's normal speed.

The grammar has been kept, I hope, to the necessary minimum and there are plenty of exercises to test the various points. Each chapter has its sentence-forming exercises. Some of these are pure drills to emphasize the grammar and assist fluency, but others will need a little more careful attention. They can be done orally or written out as exercises, depending on which aspect the teacher wishes to emphasize. Free composition, based on the texts, starts with Chapter 6, and easy prose work is included from Chapter 11.

I should like to express my grateful thanks to those pupils of mine who volunteered to work through the exercises and whose comments, from the pupils' point of view, were extremely helpful. Likewise, I wish to express my gratitude to the many friends, both Spanish and English, who have helped and advised me with the various problems which arose while the book was being written.

J.R.S.

PREFACE TO REVISED EDITION

The aim of the revised edition has been to simplify the course a good deal and to prune further grammar which is not absolutely essential to the early stages of Spanish. Many of the exercises have been standardized and simplified. The purpose of these exercises is to consolidate rather than to test and their new form should ease and quicken the pupil's progress through the book. To help this, I have eliminated the English into Spanish prose work for the first ten chapters and replaced it by vocabulary revision in the form of sentence-forming exercises.

The exercises in the latter half of the book are still quite testing and the O-level pupil will then move on to Volume 2 where he will find plenty of material to sharpen his wits on. Pictures have been included for practice in picture composition. The general ideas and vocabulary for these pictures have been based on material from the book. A little extra vocabulary has been given to help with the pictorial composition.

Under the heading 'Making it stick' on page 173 is a list of the most common points in Spanish grammar arranged for quick, easy revision. A regular revision of these pages, perhaps two or three minutes at the beginning of each lesson, will soon consolidate those grammatical points which sometimes slip from the pupil's grasp.

J.R.S.

INTRODUCTION

THE PRONUNCIATION OF SPANISH

The letters of the Spanish alphabet are the same as the English except that there is no *w* and the following are treated as separate letters: *ch, ll, ñ, rr*:

ch: *chimenea*   ll: *llorar*   ñ: *viña*   rr: *perro*

Words beginning with *ch* will be found in a dictionary between the letters *c* and *d* and words beginning with *ll* between the letters *l* and *m*. Double letters are uncommon in modern Spanish and occur only in *ll, rr, cc* (pronounced as two separate sounds) and, very occasionally, *nn*. Spanish double consonants can be remembered by the consonants in the word *Caroline*. Double *e*, also pronounced as two separate sounds, is occasionally found.

Spanish vowels

Spanish vowels are pure in their pronunciation and do not vary as English vowels do. Neither is there any tendency in Spanish to turn vowels into diphthong sounds. Whereas in English there may be a considerable difference in the pronunciation of the letter *a*, as one can see in words like "ran", "fast", "data", the pronunciation of the Spanish *a* is always constant.

Spanish vowels are pronounced the same in whatever part of the world Spanish is spoken. They are all short in sound and not slurred over, as sometimes happens in English. It is important to emphasize that the only way to learn the exact sounds of Spanish letters is to hear them spoken. The suggested equivalent sounds given here are only approximate.

A The Spanish *a* is similar to the French *a* in "chat". There is no exact English equivalent as it comes midway between the *a* in "sat" and "far". Practise, keeping the vowels tense and constant:

mapa   casa   parada   falta   dar   la   pan   lana

E The Spanish *e* is similar to the French *é* in the word "café". The nearest English equivalent is like the *a* in "hay". Unlike the French, Spanish *e* is never mute and must be pronounced every time:

verde   tengo   entrar   padre   en   legumbre   encender

I Spanish *i* is like French *i* in "fille" or English *i* in "police" or "machine". *Y* is also pronounced like *i*:

si   mi   Anita   viva   cultivo   vino   visto

O *O* is pronounced with the lips well rounded. It is similar to the English *o* in "obey" cut short:

oro como oso pongo lago lo otro

U *U* is similar to *oo* in English "school" or the French *ou* in "poule":

luna su puso un mudar murmurar mula

Diphthongs

The Spanish vowels *a, e, o* are strong, *i, u* are weak. The strong vowels keep their own separate sounds when they come together. Thus *caer, faena, maestro, feo* are pronounced *ca-er, fa-e-na, ma-es-tro, fe-o*.

When a strong vowel is followed by a weak vowel (*i, u*) the strong vowel is stressed at the expense of the weak vowel. This occurs in the group *ai, au, ei, eu, oi*:

ai: *caigo* au: *pausa* ei: *reino* eu: *Europa* oi: *voy*

A strong vowel preceded by a weak vowel again takes the stress and the weak vowel becomes semi-consonantal:

ia: *hacia* ua: *cual* ie: *bien* ue: *bueno* io: *rubio* uo: *antiguo*

When two weak vowels come together, the second takes the stress:
iu: *triunfo* ui: *ruido*

Triphthongs

There are four triphthongs in Spanish. These occur when a strong vowel comes between two weak vowels. The stress again falls on the strong vowel:

iai: *envidiáis* iei: *envidiéis* uai: *Paraguay* uei: *continuéis*

Spanish consonants

B, V *B* and *V* are pronounced the same in Spanish. When *b* and *v* come after a pause, after *m* or *n*, and when they are initial (first letter in a word), they are pronounced like English *b*:

bueno basta hombre también vamos

Otherwise *b* and *v* are pronounced with a softer sound than English *b*. The sound is like English *b* pronounced gently, almost closing the lips:

daba sabía hablar atrever uva

C *C* has two pronunciations.

(1) Like English *k* when followed by *a, o, u* or a consonant:

caro   costumbre   cumbre   clavo

(2) Like the English *th* in "thin", when followed by *e* or *i*:

cerca   centro   cinta   Barcelona   Valencia

In a double *c*, the first *c* is hard like *k*, the second is soft like *th*:

acción   dirección

CH English *ch* as in "chin":

chuleta   Chile   chica

D *D* can be pronounced in three ways, depending on its position.

(1) At the beginning of a word, and after *l* or *n*, it is pronounced like English *d*, but with a slightly softer sound:

dar   decir   día   tienda   donde   alcalde

(2) In the middle of a word, *d* becomes even softer, like the *th* in "father":

padre   nadar   pedir   lado   saludar

(3) At the end of a word, it becomes softer still and is sometimes even omitted:

lavad   ciudad   Madrid   libertad

F *F* has almost the same value as English *f*:

famoso   favor   feo

Spanish *f* is always written for English *ph*:

fotografía   teléfono   filosofía   gramófono

G *G* has two sounds:

(1) before *o, u, a* it is hard like the *g* in "good":

gota   gordo   gato   gasto   gusto

(2) Before *e* or *i* it has a strongly aspirated sound like the *ch* in "loch":

gente   general   geografía   gigante   giro

H   *H* is never pronounced.

J   *J* is the same as *g* before *e* or *i*, that is to say, it is strongly aspirated like the *ch* in "loch":

Juan   jinete   jardín   jefe

K   *K*, which occurs in very few words of non-Spanish origin, has much the same sound as English *k*.

L   *L* is similar to English *l*:

lunes   alegre

LL   *Ll* which counts as a separate letter, is pronounced like *li* in "million":

millón   castillo   calle   maravilla   caballo   llamar   llegar

However, in Spanish America and in some parts of Spain, the *ll* is pronounced like *y*.

M   *M* is very similar to English *m*:

mes   madre

N   *N* has nearly the same value as in English:

noviembre   noche   nada

Before *b*, *v* or *p* it becomes similar to *m*:

enviar   un baile   un paso

The combinations *nc*, *ng* are nasalized as in English "think", "thing":

nunca   tengo

nm lengthens the *m* and is pronounced as *m*:

inmenso   inmortal

ñ   *ñ* is a separate letter in Spanish. The accent over the *n* is called the tilde. The tilde on the *n* produces the *ni* sound as in "onion":

España   niño   señor   coñac   enseñar

P *P* is like a softer version of the English *p*:

pan   padre   pasar

Q *Q* is always immediately followed by *u* and has a hard sound like *k*. The *u* is not pronounced after *q*:

que   quien   querer

R *R* is rolled much more than in English, especially at the beginning of a word. It is also rolled heavily in verb endings:

raro   retirar   condenar   reservar

It is important to note that the *r* is always pronounced.

RR Double *r* is heavily rolled:

carro   cigarro   perro   burro   correr   correo

S *S* is like English *s* in "sat":

casas   sopa   sombrero   sol   sentado

Before *b, v, d, m, n, g* it has more of the English *z* sound:

mismo   riesgo   esbelto   desde

T *T* is similar to English though less explosive, i.e. without the breath sound:

tan   todo   tener

W *W* does not exist in Spanish, but the English *w* sound is produced when the letter *u* precedes another vowel:

*agua   bueno   huerta   huevo   huir   cuando   despué*s

X Spanish *x* is softer than English *x*. It is pronounced *egs* before a vowel and *eks* before a consonant:

examen   éxito   extraordinario   exterior

Y *Y* is similar to English.

Z *Z* is like Spanish *c* before *e* or *i*, that is, like *th* in "thin":

azul   zapato   hizo   lápiz   lanzar   Sánchez   voz

SYNALEPHA

When a Spanish word ending in a vowel is followed by a word beginning with a vowel or *h*, the two sounds are joined together whilst at the same time retaining their full value as vowels. This joining together is known as synalepha. Thus in *la aldea* the two *a*'s are joined together but keep their full value. They are not pronounced as *l'aldea*.

It is of the utmost importance for the student to practise synalepha from the very start or else he will find it difficult to speak Spanish fluently. Neither will he understand a Spaniard speaking at his normal speed. The following sentences are examples of synalepha:

La hermana de Anita   *¿Dónde está?*
Ha entrado   *Está en la casa*
¿Cómo está su amigo?   *Va al café*
Vive en una aldea

STRESS AND ACCENTUATION

As it is very important to know where the stress falls on a word, the following rules should be read daily until they are mastered.

(1) When a Spanish word ends in a vowel, *n* or *s*, it is stressed on the penultimate (last but one) syllable:

mesa   Carlos   playa   amigo   prepara   tomates   patatas

(2) If a word ends in a consonant other than *n* or *s*, the stress falls on the last syllable:

hablar   comer   comedor   principal   mujer   pescador   visitar

If there is any variation on rules 1 or 2, it is always shown by the accent:

sillón   jardín   está   ladrón   café   también   conversación
invitación   inglés   francés   alemán   vestíbulo   Sánchez

(3) The accent is also used to show the difference in meaning between two words spelt the same:

tú you   *tu* your   *él* he   *el* the   *sí* yes   *si* if   *mi* my   *mí* me
té tea   *te* you, to you

(4) The accent is used on interrogative words used in a question, direct or indirect, or in an exclamation:

¿Dónde está? Where is he?   *¿Cuándo?* When?   *¡Qué tragedia!* What a

tragedy!   ¡*Cómo*! What!   ¿*Quién es*? Who is it?   ¿*Qué bebe*? What does he drink?   ¿*Cuánto es*? How much is it?

(5) The accent is used to stress a weak vowel (*i* or *u*) which, in combination with a strong vowel, would otherwise be pronounced like a consonant:

día   país   tío   grúa

In accordance with the 1952 decree of the Spanish Academy, the accent marks have been omitted in the words *fui, fue, dio, vio* and in infinitives ending in *air, eir, oir, uir*, though this practice has not, as yet, been universally adopted.

(6) Nouns ending in *-ión* drop the accent in the plural, which is formed by adding the extra syllable *-es*:

la conversación, las conversaciones
la invitación, las invitaciones

The accent is also dropped in adjectives of nationality when the *-a* is added in the feminine:

inglés   inglesa   English
francés   francesa   French
alemán   alemana   German

In these examples an extra syllable has been added (*-es* in the plural, *-a* in the feminine) so the accent is no longer needed, as the stress now falls on the correct syllable, i.e. the penultimate (the last but one).

PUNCTUATION

The question and exclamation marks are written upside down at the beginning of a question or exclamation.

¿*Dónde está su hermana*?   Where is his sister?
¡*Qué chica más bonita*!   What a very lovely girl!

CAPITALS

Capital letters are much less common in Spanish than in English. They are used in proper names and at the beginning of a sentence or a line of poetry. Otherwise small letters are used. Note the difference between the two languages:

mi amigo y yo   my friend and I
un español   a Spaniard

lunes y martes   Monday and Tuesday
el tres de diciembre   the 3rd of December
el rey Felipe   King Philip
don Jaime   Don Jaime
el señor González   Señor González
la calle Pizarro   Pizarro Street

Chapter 1
LA FAMILIA SÁNCHEZ

La familia Sánchez vive en una aldea a orillas del mar. ¿Quién es el padre? El padre de la familia es Carlos y la madre es Carmen. Carmen es la mujer de Carlos. Carlos está en la playa, pero Carmen está en la casa donde prepara una comida. Prepara sopa, patatas, tomates y fruta.

El nombre del hijo de Carlos es Pedro y el nombre de la hija es Teresa. Teresa es la hermana de Pedro y Pedro es el hermano de Teresa. El hijo, Pedro, está en el jardín donde estudia un libro. La hija Teresa está en la casa y trabaja con la madre en la cocina.

Carlos es pescador y pasa el día en el mar. Pero ahora Carlos no está en el mar. Pinta una barca, que está en la playa. El sol brilla en el cielo. Un hombre va por la calle. Cuando termina el trabajo, Carlos va al café. Antonio, el amigo de Carlos, está en el café, donde bebe vino. Carlos entra en el café pero no bebe vino. ¿Qué bebe Carlos? Bebe un vaso de cerveza. Entonces va a casa donde come con la familia.

VOCABULARY

a to, at
al to the, at the (*m.*)
ahora now
la aldea village
el amigo friend
la barca (small) boat
bebe (he) drinks
brilla shines
el café café, coffee
la calle street
la casa house, home
la cerveza beer
el cielo sky
la cocina kitchen
come (he) eats
la comida food, midday meal
con with
cuando when
de of, from, about
del of the, from the (*m.*)

el día day
donde where
el the (*m.*)
en in, on
entonces then
entra (he) enters
es is
está is (place where)
estudia (he) studies
la familia family
la fruta fruit
la hermana sister
el hermano brother
el hombre man
la hija daughter
el hijo son
el jardín garden
la the (*f.*)
el libro book
la madre mother

el mar sea
en el mar on the sea, at sea
la mujer wife, woman
no no, not
el nombre name
a orillas de on the edge of
el padre father
pasa (he) passes, spends
las patatas potatoes
pero but
el pescador fisherman
pinta (he) paints
la playa beach
por along, through, by
prepara (she) prepares
¿qué? what, how?

¿quién? who?
el sol sun
la sopa soup
termina (he) finishes
el tomate tomato
los tomates tomatoes
trabaja (she) works
el trabajo work
un (f. **una**) a, one
va (he) goes
va a casa (he) goes home
un vaso a glass
el vino wine
vive (he) lives
y and

Answer in Spanish the following questions:

1. ¿Dónde vive la familia Sánchez?
2. ¿Quién es el padre?
3. ¿Qué prepara Carmen?
4. ¿Quién es la hermana de Pedro?
5. ¿Dónde está Pedro?
6. ¿Dónde trabaja Teresa?
7. ¿Dónde está la barca?
8. ¿Dónde pasa Carlos el día?
9. ¿Cuándo va Carlos al café?
10. ¿Qué bebe Carlos en el café?

CONVERSATION PRACTICE: LA FAMILIA SÁNCHEZ

JUAN; CONCHITA

JUAN: ¿Vive la familia Sánchez en una aldea?

CONCHITA: Sí. La familia Sánchez vive en una aldea a orillas del mar.

JUAN: El nombre de la mujer de Carlos es Teresa ¿verdad?

CONCHITA: No. Teresa es la hija de Carlos. El nombre de la mujer de Carlos es Carmen.

JUAN: ¿Por qué no está Carlos en el mar?

CONCHITA: Porque ahora pinta una barca en la playa. Cuando termina el trabajo, va al café.

JUAN: Un hombre va por la calle. ¿Es Antonio, el amigo de Carlos?

CONCHITA: No. Antonio está en el café, donde bebe un vaso de vino.
JUAN: ¿Dónde come Carlos?
CONCHITA: Come en la casa con la familia.
JUAN: ¿Prepara Carmen la comida?
CONCHITA: Sí. Prepara sopa, patatas, tomates y fruta. Teresa trabaja con la madre en la cocina.
JUAN: ¿Qué bebe Pedro—un vaso de vino o un vaso de cerveza?
CONCHITA: Pedro no está en el café. Está en el jardín.
JUAN: ¿Trabaja Pedro en el jardín?
CONCHITA: No. Estudia un libro. Cuando Carlos termina el vaso de cerveza, va a casa. Entonces Pedro entra en la casa donde come con la familia.

sí	yes	**¿Verdad?**	Isn't it? (**la verdad** truth)
¿por qué?	why?	**o**	or
porque	because		

GRAMMAR

(1a) **The definite and indefinite articles** (**the, a or an**).

Spanish nouns are either masculine or feminine.
The definite articles are: *el*, masculine, and *la*, feminine:

el padre   the father   *la madre*   the mother

The indefinite articles are *un*, masculine, and *una*, feminine:

un vaso   a glass   *una comida*   a meal

(1b) Nouns ending in -*o* are **masculine**, nouns ending in -*a* are **feminine**:

el vaso   the glass   *la familia*   the family
el vino   the wine   *la barca*   the boat

There are few exceptions to this rule, but note:

el día   the day   *la mano*   the hand

Nouns ending in -*e* are usually **masculine**, though there are some exceptions:
la calle   the street

It is essential that nouns should be learnt with the article.

(1c) **Possession**.

De means "of" or "from".

Note the difference between Spanish and English:

El nombre del hijo   the son's name
La hermana de Pedro   Peter's sister

4

(1d) *A* means "to" or "at".

The following contractions take place with the masculine definite article *el*:

de plus *el* becomes *del*: *del hijo*   of (from) the son
a plus *el* becomes *al*: *al café*   to (at) the café

(1e) Verb endings of the third person singular are *-a* or *-e*:

habla   he speaks, is speaking, does speak   from *hablar*   to speak
come   he eats, is eating, does eat   from *comer*   to eat
vive   he lives, is living, does live   from *vivir*   to live

The exceptions in this passage are:

es   he is
va   he goes

The subject pronoun is usually omitted.   *Bebe vino*   He drinks wine.

(1f) **Negation**.

Spanish verbs are made negative by adding *no*:

no habla, no come, no vive

(1g) **Questions**.

Questions can be asked by:

 (i) Putting the subject after the verb:

¿*Va Carlos a la casa*?   Is Carlos going to the house?

(ii) Using an interrogative word:

¿*Dónde*?   Where?   ¿*Dónde está Carmen*?   Where is Carmen?
¿*Cuándo*?   When?   ¿*Cuándo entra en el café*?   When does he enter into the café?
¿*Qué*?   What?   ¿*Qué bebe Antonio*?   What is Antonio drinking? What does Antonio drink?

(1h) The partitive article (some, any) may be omitted in Spanish, as in English:

Bebe vino   He is drinking (some) wine

The partitive article is usually omitted after a negative:

No bebe vino   He does not drink (any) wine.

EXERCISES

1. Write the correct form of the definite (*el, la*) and indefinite (*un, una*) articles in front of the following nouns: e.g. *familia, la familia, una familia*.

barca hermano casa café vaso playa   aldea madre nombre libro.

2. Complete the following sentences by replacing one word for each blank: e.g. *el nombre de la — es Teresa: el nombre de la hija es Teresa*.

1. Carmen prepara una — en la cocina.
2. Pedro es el — de Teresa.
3. Teresa es la — de Carlos.
4. Antonio está — el café.

  5. Pedro está — el jardín.
  6. Carlos bebe un— de cerveza.
  7. La familia vive a — del mar.
  8. Carlos pinta una —.
  9. Pedro — un libro.
 10. Carmen es la — de Carlos.

3. Make the following sentences negative:

  1. Carlos va al café.
  2. El nombre del hijo es Antonio.
  3. Estudia un libro.
  4. Bebe vino.
  5. Pedro es el hermano de Antonio.
  6. Carlos prepara una comida.

4. The following sentences make an incorrect statement of fact, e.g. *Pedro está en la cocina* should read *Pedro está en el jardín.* Study the Spanish text, then make the necessary changes.

  1. El padre de la familia es Pedro.
  2. Carmen es la hermana de Carlos.
  3. Carlos está en la casa.
  4. Teresa estudia un libro.
  5. Teresa está en la playa.
  6. El hijo trabaja en la cocina.
  7. Carlos pasa el día en el café.
  8. Cuando termina el trabajo, Carlos va a casa.
  9. Antonio bebe un vaso de cerveza.
 10. Un hombre va por la playa.

5. Turn the following sentences into question form: e.g. *Carlos va al café*: *¿Va Carlos al café?* Don't forget the question marks.

  1. Carlos está en la playa.
  2. La familia Sánchez vive a orillas del mar.
  3. Carmen prepara una comida.
  4. Teresa trabaja en la cocina.
  5. Antonio bebe un vaso de cerveza en el café.

6. Form as many sentences as you can using a word or words from *each* of the three columns.

Está is used for place where. *¿Dónde está el señor Sánchez?* Where is señor Sanchez?

A	B	C
El señor Sánchez	está	en la playa
La señora Sánchez		en el café
		en el jardín
		en la casa
		en la calle

Form seven sentences from the following. Think carefully of the meaning of the words.

A	B	C
El hombre	come	cerveza
	bebe	tomates
		el café (coffee)
		la comida
		un vaso de vino
		patatas
		la fruta

Be careful when joining *a* to *el*:

A	B	C
El amigo	va a	el café
		la casa
		la cocina
		el hotel
		el jardín

A	B	C
Pedro	habla a	la madre
		el pescador
		la mujer
		el hijo
		el hermano
		la hermana
		el hombre

A	B	C
El hijo	entra en	la casa
	vive en	el café
	trabaja en	

7. Vocabulary revision. Form ten sentences, using a word or words from each column.

A	B	C
La familia Sánchez	estudia	su (his) barca
La madre	bebe	la cocina
Carlos	es	Teresa
El hijo Pedro	pinta	por (along) la calle
Carlos	vive en	cerveza
Un hombre	bebe	pescador
Antonio	es	una aldea a orillas del mar
El nombre de la hija	trabaja en	vino
Carlos	va	su (his) libro
El amigo Antonio	es	el padre de la familia

7

Chapter 2
UNA VISITA A LA FAMILIA SÁNCHEZ

CUANDO la familia Sánchez termina la comida, Carmen y Teresa trabajan en la cocina, lavando los platos. Carlos está sentado en un sillón. Está cansado y fuma un cigarrillo. Pedro no está en la sala. Trabaja en el jardín donde cultiva flores bonitas.

Mientras Carmen y Teresa trabajan en la cocina, hablan en voz alta. Hablan de Juan y María, amigos de la familia. Juan y María van a visitar la casa de la familia Sánchez. Viven en una casa de madera. Es una casa blanca y pequeña, no lejos de la playa.

Luego Juan y María llegan a la casa de la familia Sánchez y llaman a la puerta. Cuando entran en la sala, Carmen y Carlos están muy alegres.

—Buenos días. ¿Cómo está Vd?— pregunta Carlos cuando estrecha la mano de Juan. —Muy bien, gracias—contesta Juan. —Y, ¿cómo está la familia?

Carlos trae dos botellas de vino blanco de la cocina y beben unos vasos de vino. Carlos ofrece un cigarrillo a Juan y entonces las mujeres hablan de los niños, mientras los hombres fuman cigarrillos y hablan de los habitantes de la aldea.

VOCABULARY

alegre pleased, cheerful
alto tall, loud
bien well
blanco white
bonito pretty
la botella bottle
bueno good
buenos días good morning
cansado tired
el cigarrillo cigarette
¿cómo? how?
contestar to answer
cultivar to grow
dos two

están (they) are
estrechar to press, shake (hands)
la flor flower
fumar to smoke
gracias (*f*) thanks, thank you
el habitante inhabitant
hablar to speak
lavar to wash
lejos far
llamar to call, knock
llegar to arrive
luego soon, presently, then
la madera wood
la mano hand

mientras while
muy very
el niño the child
ofrecer to offer
pequeño small
el plato plate, dish
preguntar to ask (a question)
la puerta door
la sala room

sentado sitting (seated)
el sillón armchair
traer to bring
unos, -as some, a few
van they go
Vd. (usted) you (formal)
visitar to visit
la voz voice

Answer in Spanish the following questions:

1. ¿Dónde trabajan Carmen y Teresa?
2. ¿Dónde está Carlos?
3. ¿Dónde trabaja Pedro?
4. ¿Qué cultiva Pedro?
5. ¿Dónde viven Juan y María?
6. ¿Está lejos de la playa la casa de Juan y María?
7. ¿Qué pregunta Carlos cuando estrecha la mano de Juan?
8. ¿Qué contesta Juan?
9. ¿Qué beben Juan y María?
10. ¿De qué hablan las mujeres?

CONVERSATION PRACTICE: JUAN Y CONCHITA HABLAN DE LA VISITA DE LA FAMILIA SÁNCHEZ

JUAN; CONCHITA

JUAN: Buenos días, Conchita. ¿Cómo está Vd.?

CONCHITA: Muy bien, gracias. ¿Y Vd.?

JUAN: Bien, gracias. ¿Está en casa la familia Sánchez?

CONCHITA: Sí. Carmen y Teresa están en la cocina donde lavan los platos. Carlos está en la sala y Pedro trabaja en el jardín.

JUAN: ¿Por qué no trabaja Carlos?

CONCHITA: Porque está cansado. Está sentado en un sillón y fuma un cigarrillo.

JUAN: ¿De qué hablan Carmen y Teresa?

CONCHITA: Hablan de la visita de Juan y María, amigos de la familia.

JUAN: ¿Qué pregunta Carlos cuando llegan Juan y María?

CONCHITA: ¿Cómo están Vds.?

JUAN: Y, ¿Qué hace entonces?

CONCHITA: Entonces estrecha la mano de Juan. Están muy alegres cuando entran en la sala.

JUAN: ¿Qué ofrece Carlos a Juan y María?

CONCHITA: Va a la cocina y trae dos botellas de vino blanco. Entonces ofrece un cigarrillo a Juan, pero María no fuma nunca.

en casa   at home
¿Qué hace entonces?   What does he do then?
hacer   to do, make
nunca   never
no fuma nunca   (she) never smokes

GRAMMAR

(2a) Plural of articles

El becomes *los*:

    el hombre   the man   *los hombres*   the men

la becomes *las*:

    la mujer   the woman   *las mujeres*   the women

un becomes *unos*:

    un amigo   a friend   *unos amigos*   some friends

una becomes *unas*:

    una flor   a flower   *unas flores*   some flowers

(2b) Plural of nouns

Nouns ending in *-o, -a, -e* add *-s*:

    el amigo   the friend   *los amigos*   the friends
    la casa   the house   *las casas*   the houses
    el hombre   the man   *los hombres*   the men

Nouns ending in a consonant add *-es*:

    la flor   the flower   *las flores*   the flowers
    la mujer   the woman   *las mujeres*   the women

Nouns ending in *-z* change *-z* to *-ces*:

    la voz   the voice   *las voces*   the voices

The plural of adjectives is formed in the same way as nouns.

(2c) **Formation of the feminine of adjectives**

Adjectives ending in *-o* change to *-a*:

blanco, blanca   white
pequeño, pequeña   small

Other adjectives, with a few exceptions, do not change in the feminine.

(2d) Adjectives agree in gender and number with the noun they describe. They usually follow the noun:

las flores bonitas   the beautiful flowers
las voces altas   the loud voices
la casa pequeña   the small house

Two adjectives following the noun are joined by *y* (and):

una casa blanca y pequeña   a small, white house

Note the feminine adjectives in the proverb:

Sin bolsa llena   Without (a) full purse
Ni rubia ni morena   (You shall have) neither blonde nor brunette

(2e) A noun, preceded by *de*, can be used in an adjectival sense.

Una casa de madera   a wooden house

(2f) **The Spanish subject pronouns**

Singular		Plural		
yo	I	*nosotros* (*f. nosotras*)	we	
tú	you (fam.)	*vosotros* (*f. vosotras*)	you	
él	he	*ellos* they (*m.*)		
ella	she	*ellas* they (*f.*)		

(2g) **The Spanish for "you"**

There are two words for "you" in Spanish; *tú* (pl. *vosotros*) and *usted* (pl. *ustedes*).
Tú is used in familiar speech, when addressing one's family, close friends, children and animals.
Usted is used for "you" in more formal speech. It is important always to address an adult Spaniard with *usted* unless he is a close personal friend. *Usted* and *ustedes* are used with the endings of the *third* person of the verb.
Usted and *ustedes* are usually shortened to *Vd.* and *Vds.* when written.

(2h) **Present tense of the three conjugations in Spanish** (Revise Rules 1 and 2, page xii).

Be careful to stress the verb on the syllable indicated by underlining.

1st conjugation (*hablar*, to speak)

(*yo*) *hablo*	I speak
(*tú*) *hablas*	you speak
(*él, ella, Vd.*) *habla*	he, she speaks, you speak
(*nosotros*) *hablamos*	we speak
(*vosotros*) *habláis*	you speak
(*ellos, ellas, Vds.*) *hablan*	they (*m.* and *f.*) speak, you speak

The second and third conjugations are almost identical in form, except for two persons in the plural.

2nd conjugation (*comer*, to eat)

(*yo*) *como*	I eat
(*tú*) *comes*	you eat
(*él, ella, Vd.*) *come*	he, she eats, you eat
(*nosotros*) *comemos*	we eat
(*vosotros*) *coméis*	you eat
(*ellos, ellas, Vds.*) *comen*	they (*m.* and *f.*) eat, you eat

3rd conjugation (*vivir*, to live)

(*yo*) *vivo*	I live
(*tú*) *vives*	you live
(*él, ella, Vd.*) *vive*	he, she lives, you live
(*nosotros*) *vivimos*	we live
(*vosotros*) *vivís*	you live
(*ellos, ellas, Vds.*) *viven*	they (*m.* and *f.*) live, you live

As the subject pronouns are usually omitted, it is important to note the endings of every verb. The subject pronouns are used only for emphasis, contrast or to avoid ambiguity.

> *Ella habla mientras nosotros comemos*   She talks while we eat

Vd. is, however, usually included with the verb unless the meaning is clear without it:

> *Vd. vive en la casa blanca*   You live in the white house
> *Vive en el campo*   He lives in the country

"It" is usually omitted:

> *¿Dónde está la barca?*   *Está en la playa*
> Where is the boat?   It is on the beach.

(2i) The Gerund and Past Participle

The **Gerund** is formed by:

(1) Adding -*ando* to the stem of -*ar* verbs:

> *hablar*   to speak   *hablando*   speaking

(2) Adding -*iendo* to the stem of -*er* and -*ir* verbs:

> *comer*   to eat   *comiendo* eating
> *vivir*   to live   *viviendo* living

The **Past Participle** is formed by:

(1) Adding -*ado* to the stem of -*ar* verbs:

> *hablar: hablado* (spoken)

(2) Adding -*ido* to the stem of -*er* and -*ir* verbs:

> *comer: comido* (eaten)   *vivir: vivido* (lived)

The Past Participle agrees when used adjectivally.

> *La madre está sentada*   The mother is sitting (seated)

1. Write the plural forms of the following:

la voz la flor el hombre la mujer la mano el amigo la casa
el cigarrillo el café el plato un hombre una casa una flor
una mujer una voz un pescador

2. Make the words in brackets agree as necessary:
1. La puerta de la casa es (blanco).
2. Las mujeres están (alegre).
3. La sala es (blanco) y (pequeño).
4. María está (sentado) en un sillón.
5. Las flores (bonito).
6. Los platos (blanco).
7. La hija está (alegre).
8. Bebe un vaso de vino (blanco)
9. La cocina no es (pequeño).
10. Entran en la casa (blanco).

3. Complete the following verb forms: e.g. *tú* (*hablar*), *tú hablas*:

Remember that *Vd*(*s*) (you, formal) takes the **third** person ending of the verb.

yo (vivir) Vd. (hallar) él (llamar) nosotros (vivir) ella (comer)
Vds. (llegar) yo (fumar) Vd. (hablar) Vd. (beber) él (vivir)
nosotros (llegar) ellos (preguntar). Vd. (comer) Vd. (lavar)
Vds. (vivir).

4. Revise Rule (2i). Write down the Gerund and Present Participle of the following verbs:

preguntar beber lavar vivir llamar comer fumar

5. Complete the following sentences by filling in the blanks:
1. En el jardín Pedro cultiva—.
2. Carmen y Teresa están en la —, lavando los —.
3. Carlos está — en un sillón. Fuma un —.
4. Carmen y Teresa hablan en voz —.
5. Juan y María — en una casa de madera.
6. Cuando Juan y María — a la casa, llaman a la puerta.
7. Carlos estrecha la — de Juan.
8. Carlos trae una — de vino blanco de la cocina.
9. Las mujeres hablan de los —.
10. La casa de Juan y María es — y —.

6. Form as many sentences as possible using a word or words from each column.

A	B	C
El padre y el hijo	entran en	el café
	viven en	la casa de Juan
	trabajan en	la sala
		la aldea

14

A	B	C	D
Los amigos	ofrecen	un vaso de vino cigarrillos cerveza	al hijo del pescador

A	B	C
Juan y María	hablan de	la comida los niños los amigos la casa de Carlos los habitantes de la aldea

Think carefully of the meaning of the words:

A	B	C
El señor Sánchez La señora Sánchez	va a beber va a lavar va a comer	los platos la fruta cerveza los tomates vino

7. Vocabulary test. Form ten sentences, using a word or words from each column.

A	B	C
Cultiva	llaman	a la casa
Carlos	hablan	dos botellas de vino
Carlos y Juan	llegan	los habitantes de la aldea
Los hombres	en una casa	unos vasos de vino
Teresa y su (her) madre	trae	en voz alta
Los amigos de Carlos	flores bonitas	blanca y pequeña
Luego Juan y María	están	muy alegres
Carmen y Carlos	estrecha	a la puerta
Viven	hablan de	en el jardín
Carlos	beben	la mano de Juan

15

Chapter 3
UNA CASA ESPAÑOLA

El señor Martínez vive con su familia en una casa cerca de la iglesia. Hoy vamos a visitar la casa donde vive el señor Martínez. El señor Martínez es el amigo de nuestro tío Juan. Cuando llegamos a la casa, llamamos a la puerta. Conchita, la hija del señor Martínez, abre la puerta y entramos en el vestíbulo. A la izquierda del vestíbulo está la sala de estar y a la derecha está el comedor.

Esperamos a la señora Martínez en la sala de estar y, unos momentos después, ella entra.

—Buenos días. ¿Cómo están Vds.? ¿Cómo está su tío Juan?

—Muy bien, gracias.

— ¿Desean Vds. ver nuestra casa?

—Sí, señora, con mucho gusto.

—Entonces, vamos a ver todos los cuartos. Aquí está el comedor, al lado de la cocina. En el piso bajo hay también un cuarto para una criada, pero

16

no tenemos criada ya. Ahora vamos a subir por la escalera al piso principal donde tenemos un cuarto de baño y cuatro dormitorios. Tenemos cinco niños, dos hijos y tres hijas. Los niños tienen sus dormitorios a la izquierda y el dormitorio de la derecha es el nuestro.

—La casa parece muy cómoda y moderna.

—Sí. Está situada en un lugar agradable con una vista encantadora y estamos al abrigo del viento frío del norte.

—Y tiene también un hermoso jardín.

—Sí. Mi marido cultiva flores y tiene también una huerta donde cultiva legumbres y frutas. Vamos a ver el jardín.

Y, unos momentos después, estamos sentados en el jardín, bajo las palmeras, tomando una comida española y bebiendo una taza de café deliciosa.

VOCABULARY

el abrigo	shelter, overcoat	**aquí**	here
al abrigo de	sheltered from	**bajo**	under
abrir	to open	**el baño**	bath
agradable	pleasant	**cerca de**	near

cinco five
el comedor dining-room
cómodo comfortable
la criada servant
el cuarto room
el cuarto de baño bathroom
cuatro four
delicioso delicious
la derecha right
desear to wish
después after(wards)
el dormitorio bedroom
ella she
encantador delightful
la escalera stairs, ladder
español Spanish
esperar to wait for, hope
estar to be (place where)
frío cold
el gusto pleasure, taste
hay there is, there are
hermoso beautiful, lovely
hoy today
la huerta kitchen garden
la iglesia church
la izquierda left
el lado side
la legumbre vegetable

el lugar place, spot
el marido husband
el momento moment
mucho much, many
el norte north
nuestro our
la palmera palm tree
parecer to seem
el piso principal first floor
el piso bajo ground floor
la sala de estar living-room
el señor gentleman, sir, Mr.
la señora lady, wife, Mrs., madam
situado situated
su his, her, its, your, their
subir to go up
también also
la taza cup
el tío (la tía) uncle (aunt)
todo all, every
tomar to take, eat
tres three
vamos we go, let us go
ver to see
el vestíbulo hall
el viento wind
la vista view
ya now, already

Answer in Spanish the following questions:

1. ¿Dónde vive el señor Martínez?
2. ¿Qué pregunta la señora Martínez cuando entra en la sala de estar?
3. ¿Qué contestamos?
4. ¿Dónde está el comedor?
5. ¿Dónde está el cuarto de la criada?
6. ¿Qué hay en el piso principal?
7. ¿Dónde está situada la casa?
8. ¿Qué cultiva el señor Martínez en la huerta?
9. ¿Dónde están sentados los amigos de la señora Martínez?
10. ¿Qué beben?

CONVERSATION PRACTICE: TERESA DESCRIBE
LA CASA DEL SEÑOR MARTÍNEZ

CARLOS; TERESA

CARLOS: ¿Vive el señor Martínez en la calle Pizarro?
TERESA: No. Vive en la calle José Antonio, no lejos de la iglesia.
CARLOS: Es una casa pequeña ¿verdad?
TERESA: No. Es bastante grande. Tiene cuatro dormitorios y un cuarto de baño en el piso principal.
CARLOS: Y ¿en el piso bajo?
TERESA: En el piso bajo están el vestíbulo, la sala de estar, el comedor, la cocina y un cuarto para una criada.
CARLOS: ¿Tiene una criada la señora Martínez?
TERESA: Ahora no. Cuando llegamos a la casa, Conchita abre la puerta. Conchita es la hija de la señora Martínez.
CARLOS: ¿Cuántos niños tiene la señora Martínez?
TERESA: Tiene cinco, dos hijos y tres hijas.
CARLOS: La casa es muy cómoda y moderna ¿verdad?
TERESA: Sí. Y tiene además un jardín muy bonito.
CARLOS: ¿Es hermosa la casa del señor Martínez?
TERESA: Sí. Está situada en un lugar muy agradable. Hay una vista encantadora del mar y de la playa.

describe	describes	**¿cuántos?**	how many?
bastante	quite, enough	**además**	besides

GRAMMAR

(3a) **Possessive adjectives**

Singular	Plural		Longer forms		
mi	*mis*	my	*mío* (*-a*) *míos* (*-as*)		mine
tu	*tus*	your	*tuyo* (*-a*) *tuyos* (*-as*)		yours
su	*sus*	his, her, its, your	*suyo* (*-a*) *suyos* (*-as*)		his, hers, its, yours
nuestro (*-a*)	*nuestros* (*-as*)	our	*nuestro* (*-a*) *nuestros* (*-as*)		ours
su	*sus*	their, your	*suyo* (*-a*) *suyos* (*-as*)		theirs, yours
mi madre my mother	*mis hermanos*	my brothers			
tu marido your husband	*tus amigos*	your friends			

Nuestro varies according to gender.

nuestra hermana our sister   *nuestras casas* our houses.

The longer form of the possessive follows the noun.

Un amigo mío a friend of mine.

Translation of "your"

Tu is used when speaking to a person you know well.
María ¿dónde está tu hermana? María, where is your sister?
Su is formal, like *Vd*.
Señor Martínez, ¿dónde está su vaso? Señor Martínez, where is your glass?

(3b) Possessive pronouns

el mío, la mía, los míos, las mías mine
el tuyo, la tuya, los tuyos, las tuyas yours (familiar)
el suyo, la suya, los suyos, las suyas his, hers, its, yours (formal)
el nuestro, la nuestra, los nuestros, las nuestras ours
el suyo, la suya, los suyos, las suyas theirs, yours (formal)

These pronouns agree with the nouns to which they refer.

Mi casa y la suya My house and his
Tu aldea y la nuestra Your village and ours
Tengo sus libros. ¿Dónde están los míos? I have his books. Where are mine?

After *es* (is) and *son* (they are), the definite article is usually omitted.

Es mío It is mine
La casa es suya The house is his, hers, theirs, yours (formal)
El libro es tuyo The book is yours (familiar)
Las flores son mías The flowers are mine
La botella es nuestra The bottle is ours

(3c) Present tense of the verb *tener*, to have

tengo
tienes
tiene
tenemos
tenéis
tienen

Tener is used in the sense of to hold, to possess. *Tener que* means to have to:

Tiene que trabajar en la casa He has to work in the house

(3d) Feminine of adjectives (continued)

Adjectives of nationality add -*a*:

Una mujer inglesa an English wife
Una casa española a Spanish house

Adjectives ending in -*or*, add -*a*:

Una vista encantadora a delightful view
Una mujer habladora a talkative woman
Mejor better *peor* worse do not add -*a*.
La casa de Manuel es mejor Manuel's house is better
La cerveza es peor The beer is worse.

20

(3e) **Personal** *a*

When a Spanish verb is followed by a definite personal object, the preposition *a* is placed before that object:

Visitamos a su amigo   We visit his friend
Describimos a Juan   We describe John
Acompañan a mi madre   They accompany my mother

The verb *tener* does not usually take personal *a*:

Tenemos tres niños   We have three children
Tengo dos hermanos   I have two brothers

(3f) *Hay* (French "il y a") means "there is", "there are":

Hay vino en la cocina   There is wine in the kitchen
Hay niños en el jardín   There are children in the garden

(3g) **Word order**

In Spanish the subject is frequently put after the verb:

Aquí está la casa donde vive el señor Martínez
Here is the house where Señor Martínez lives.

(3h) **Numbers**

1	*uno*	6	*seis*
2	*dos*	7	*siete*
3	*tres*	8	*ocho*
4	*cuatro*	9	*nueve*
5	*cinco*	10	*diez*

These numerals are invariable, except for *uno* which changes to *una*.

una casa   a house   *cinco niñas*   five girls
ocho hombres   eight men

Uno is always written as *un* when immediately followed by a noun:

Un amigo, but *uno de mis amigos.*

(3i) *El* is used before *señor*, *la* before *señora* and *señorita*
El señor Martínez, la señora Sánchez   Mr Martínez, Mrs Sánchez,
except in direct address:

Buenos días, señor Martínez.   Good morning, Mr Martinez.

EXERCISES

1. Turn into Spanish:

(*a*) My father, my house, my garden, my brother, my friends, my books
(*b*) Use the familiar form, as if speaking to a friend: your garden, your house, your mother, your sisters, your friends
(*c*) Use the formal form, as if speaking to a Spaniard you don't know very well: your brother, your daughter, your room, your houses, your books

(*d*) Use the familiar form. Remember to use *está* (is) for place where. Note the position of the question mark upside down. *Teresa, ¿dónde está. . . .* Teresa, where is your sister? María, where is your book? Juan, where is your house? Carlos, where is your cup? Carmen, where is your friend?

(*e*) Use the formal *su*: Again, note the position of the question mark upside down. *Señor Martínez, ¿dónde está. . . .* Do not use *el* or *la* in direct address. Señor Martínez, where is your sister? Señora Sánchez, where is your house? Señorita Martínez, where is your brother? Señor González, where is your friend? Señor Pérez, where is your cup?

(*f*) Our house, our children, their friend, their flowers, his sister, your (formal) family, our church, her uncle, my boat, his wife, your (familiar) mother, our son, her daughter, their houses.

(*g*) Remember to use the definite article ("The") with a pronoun. The pronoun must be the same gender and number (singular or plural) as the noun to which it refers:
his father and mine, my friends and yours (formal), your (formal) house and ours, my sister and his, his boat and theirs.

(*h*) Remember the definite article is usually omitted after *es*.
The house is mine, the book is his, the boat is ours, the glass is hers, the fruit is theirs.

(*i*) Remember to use *de* for possession (it is Carmen's = *es de Carmen*)
The book is not my brother's, it is yours. The boat is not John's, it is mine. The fruit is not María's, it is ours. The wine is not Pedro's, it is mine.

2. Turn into Spanish:

seven houses	five rooms	one of my houses
nine men	eight glasses	one of the men
two boats	one woman	a friend of mine
three books	six floors	
ten potatoes	four tomatoes	

3. Revise Rules (2*c*) page 12 and (3*d*) page 20.

Make the following adjectives agree as necessary:

una criada (español)	mi casa es (mejor)
un tío (rico)	la chica (hablador)
la casa (blanco)	una hermana (encantador)
la familia (inglés)	una mujer (inteligente)
una chica (alegre)	una amiga (mío)

4.(a) Close the book and write down the names of six rooms in a house.

(b) Write down any four things connected with a house.

(c) Answer in Spanish:

1. ¿Cuántos (how many) niños tienen el señor y la señora Martínez?
2. ¿Qué hay en el jardín y la huerta del señor Martínez?
3. ¿Qué hay en el piso bajo?
4. ¿En qué cuarto come la familia Martínez?

(In sentences 5 to 7, *su* means your)
   5. ¿Qué hay en el piso principal de su casa? (Si Vd. vive en un piso, ¿qué cuartos hay en su piso?)
   6. ¿Qué hay en su jardín?
   7. ¿Cuántos niños hay en su familia?
   8. ¿Dónde vive Vd?
   9. ¿Qué hay en la calle donde Vd. vive? (En la calle donde. . . .)
 10. ¿Tiene Vd. un hermano? (¿Una hermana?)

5. Revise Rule (6) on page xiii of the introduction.

Give the plural of:

la voz	el padre	la mujer
la conversación	la invitación	francés
la puerta	inglés	
español	alemán	

6. Form as many sentences as is logically possible using a word or words from each column. Make adjectives agree as necessary.

A	B	C	D
Un amigo mío	entran	con su hermana	cerca de la iglesia
Nuestros amigos	vive	en una casa	a la izquierda
		en el café	blanco y pequeño
			no lejos de la playa

Practice for Personal *a*

Form as many sentences as possible using words from each column. Think carefully of the meaning of the words. Use Personal *a* where necessary.

A	B	B continued
Visitamos	la iglesia	la playa
Esperamos	Juan	María
Acompaña	la casa	la criada
Encontramos	la señora Martínez	el jardín
Describen	nuestro tío	el señor Martínez
Vamos a ver	la sala de estar	el café
	el señor Sánchez	

7. Vocabulary test. Form ten sentences, using words from each column:

A	B	C
Cuando llegamos	legumbres y frutas	por la escalera
La casa tiene	subir	del mar
En el jardín	hay	es el nuestro
Vamos a	tiene	a la puerta
El dormitorio	donde vive	una taza de café
Cultiva	una vista	el señor Martínez
La señora Martínez	llamamos	en la huerta
Aquí está la casa	donde trabaja	cinco niños
En el piso principal	bebemos	un cuarto de baño
Hay un jardín	a la derecha	la familia Martínez

Chapter 4

EL PERRO DEL SEÑOR PÉREZ

EL señor Pérez tiene un perro. El nombre del perro es Rodrigo. Rodrigo es muy inteligente y leal, pero tiene un gran defecto. Cuando llegan a la casa los amigos del señor Pérez, Rodrigo está siempre muy malhumorado. Rodrigo es muy desconfiado y dirige a las visitas terribles miradas de odio.

Un día cierto amigo del señor Pérez está esperando en la puerta, en el lugar favorito de Rodrigo, donde pasa generalmente la mayor parte del día, sentado al sol. Tal impertinencia enoja al perro de tal manera que avanza lentamente con los ojos clavados en el hombre y, unos momentos después, hace un agujero enorme en el pantalón del amigo desafortunado. El señor Pérez está furioso y tiene que explicar la situación a su amigo. Tiene también que pagar un traje nuevo.

El señor Pérez decide que tal situación es imposible y habla con su amigo Pepe, que vive en el campo. —Rodrigo es un perro muy simpático y

24

dócil. Es un perro guardián excelente y, cuando está en casa, los ladrones nunca nos visitan.

El señor Pérez es tan elocuente cuando habla de las virtudes del perro que por fin su amigo Pepe acepta a Rodrigo como regalo.

Pepe es labriego. Su finca está a catorce kilómetros de la ciudad donde vive el señor Pérez. El señor Pérez va con Rodrigo en su coche y, cuando llegan a la finca de Pepe, el señor Pérez presenta al perro. Rodrigo mira a Pepe con un desdén infinito, pero Pepe va a la cocina y da al perro un plato de carne con un hueso enorme, y, unos momentos después, Rodrigo está muy ocupado, comiendo la carne. El señor Pérez bebe un vaso de vino con su amigo y, sin decir adiós a su perro, sube en su coche y vuelve a la ciudad. Pasa dos horas en la ciudad donde compra carne, pan y legumbres para su cena, y luego vuelve tristemente a su casa. Pero cuando llega a casa, ¡qué sorpresa! porque ¡allí está Rodrigo, esperando impaciente la vuelta de su amo y, al lado del perro, hay un hueso enorme!

VOCABULARY

adiós goodbye
el agujero hole
el amo master
avanzar to advance
el campo country, field
la carne meat
catorce fourteen
la cena supper
cierto a certain
la ciudad city, town
clavado fixed, nailed
el coche car, coach
comprar to buy
dar to give
decidir to decide
decir to say
el defecto defect
desafortunado unfortunate
desconfiado suspicious
el desdén disdain, scorn
dirigir to direct
dócil docile
enojar to annoy
enorme enormous
explicar to explain
la finca estate, farm
generalmente generally
gran(de) big, great
hace (he) does, makes
la hora hour, time
el hueso bone
impaciente impatient(ly)
infinito infinite
el labriego farm-labourer
el ladrón thief
leal loyal

lentamente slowly
malhumorado bad-tempered
la manera manner
mayor greater, greatest, older, oldest
la mirada look, glance
nos visitan (they) visit us
nuevo new
ocupado busy
el odio hatred
el ojo eye
pagar to pay (for)
el pan bread
el pantalón trousers
para for
el perro dog
el perro guardián watch dog
por fin finally
presentar to introduce
qué what (a)
quien (-es) who
el regalo present
siempre always
simpático nice, pleasant
sin without (a)
sin decir adiós without saying ("to say") goodbye
la sorpresa surprise
tal such (a)
tan so, such, as
el traje suit, dress
tristemente sadly
la virtud virtue
la visita visit, visitor
la vuelta return
vuelve he returns (**volver**, to return)

Answer in Spanish the following questions:

1. ¿Qué gran defecto tiene Rodrigo?
2. ¿Qué hace Rodrigo cuando llega el amigo del señor Pérez?
3. ¿Qué decide el señor Pérez?
4. ¿Con quién habla?
5. ¿Qué hace Pepe?
6. ¿Dónde está la finca de Pepe?
7. ¿Cómo va el señor Pérez a la finca de Pepe?

8. ¿Por qué está muy ocupado Rodrigo en la finca?
9. ¿Qué hace el señor Pérez en la ciudad?
10. ¿Por qué está triste?

CONVERSATION PRACTICE: ¿DÓNDE ESTÁ EL PERRO DEL SEÑOR PÉREZ?

Juan; Carlos

Juan: ¿Vive el señor Pérez en el campo?
Carlos: No. Tiene una casa en la ciudad.
Juan: ¿Tiene el señor Pérez un perro?
Carlos: Sí. Su nombre es Rodrigo. Siempre mira con desconfianza cuando llaman a la puerta los amigos del señor Pérez.
Juan: Entonces es un perro guardián excelente.
Carlos: Sí, pero está tan malhumorado cuando llegan a la casa los amigos, que el señor Pérez decide por fin que tal situación es imposible.
Juan: ¿Qué hace entonces el señor Pérez?
Carlos: Habla con su amigo Pepe y por fin Pepe acepta a Rodrigo como regalo.
Juan: ¿Cuál es el trabajo de Pepe?
Carlos: Es labriego.
Juan: ¿Dónde está su finca?
Carlos: Está a catorce kilómetros de la ciudad.
Juan: El perro vive ahora con Pepe en la finca ¿verdad?
Carlos: No. Pues cuando el señor Pérez vuelve a casa, ¡allí está el perro esperando impaciente en la puerta!

con desconfianza with suspicion
¿cuál? which?, what?
pues since, well, then

GRAMMAR

(4a) **The verbs "to be"** (*ser and estar*)
Present tense.

	ser	estar
yo	*soy*	*estoy*
tú	*eres*	*estás*
él, ella, Vd.	*es*	*está*
nosotros	*somos*	*estamos*
vosotros	*sois*	*estáis*
ellos, ellas, Vds.	*son*	*están*

(4b) Uses of *ser* and *estar*

Both *ser* and *estar* mean "to be" and it is important to note the different uses of these verbs.

Ser is used:

(i) With an adjective to show something that is characteristic or inherent:
Juan es inteligente   John is intelligent
María es trabajadora   María is hard-working
Mi hermana es perezosa   My sister is lazy

(ii) With nationality or an occupation:
Emilia es italiana   Emily is Italian
Juan es español   John is Spanish
Mi padre es médico   My father is a doctor
Carlos es pescador   Carlos is a fisherman

(iii) To indicate ownership, origin or material from which something is made:
La casa es de Juan   The house is John's
Mi amigo es de Londres   My friend is from London
La barca es de madera   The boat is (made) of wood
Los balcones son de hierro   The balconies are (made) of iron

(iv) When the verb to be is followed by a pronoun, infinitive or noun:
La casa es mía   The house is mine
Este coche es suyo   This car is his
Ver es creer   To see is to believe
Carlos es su amigo   Carlos is his friend
Es mi coche   It is my car
Es un libro   It is a book
Es el hotel   It is the hotel

(v) With expressions of time.
¿Qué hora es? Es la una   What time is it? It is one o'clock
Hoy es lunes   Today is Monday

(vi) *Ser* is used with the Past Participle to form the passive:
El café fue cerrado por la policía   The café was shut by the police
El ladrón fue capturado por los hombres   The thief was captured by the men
Fue = was (Past Historic (preterite) tense of *ser*)

Estar is used:

(i) With an adjective to show an accidental, temporary *state* or *condition*, i.e. one that is different from the usual or expected:
Hoy está enfermo   Today he is ill (unwell)
Está malhumorado esta mañana   He is bad-tempered this morning
  (*Es malhumorado* suggests that he is usually bad-tempered)
Juana está muy pálida   Joan is (looking) very pale
  (*Juana es pálida* suggests that she is usually pale)

(ii) At all times to indicate place where:
Madrid está en el centro de España   Madrid is in the centre of Spain
Está en la calle   He is in the street
¿Dónde están sus amigos?   Where are your friends?

28

Allí está mi hermano There is my brother
¿Dónde está mi coche? Where is my car?

(iii) With the Gerund [see Rule (2i)] to form the continuous tenses:
Está hablando a mi padre He is talking to my father

(iv) With the Past Participle to show a *state* or *condition*. In this case the Past Participle is used as an adjective:
Estamos sentados en el jardín We are seated (i.e. sitting) in the garden
Compare: *El café está cerrado ahora* The café is closed now
(*Estar* with the past participle to show a **state**)
with: *El café fue cerrado por la policía* The cafe was shut by the police
(*Ser* with the Past Participle to show **action**)

Both *ser* and *estar* can be used with the same adjectives to convey a different shade of meaning. A careful note should be made of the idiomatic and less obvious cases.

Está borracho He is drunk (state)
Es borracho He is a drunkard (inherently so)
Está bueno (*malo*) He is well (ill)
Es bueno (*malo*) He is good (bad) (i.e. by nature)
Está loco He is furious (mad with rage)
Es loco He is insane (mad)
Está enfermo He is unwell
Es (*un*) *enfermo* He is an invalid
Está joven (*viejo*) He is (looks) young (old)
Es joven (*viejo*) He is young (old)
Ahora está rico He is rich now (i.e. he is not usually rich)
Es rico He is rich

Note also:

Somos pobres We are poor
El semáforo está verde
The traffic light is green (state at the moment)
Está enamorado de María He is in love with María
Somos amigos We are friends
Mientras en casa estoy, rey soy (proverb)
While I am in (my) house, I am (the) king
Su hermana es hermosa Your sister is beautiful

but:

Hoy está hermosa Today she is (looking) lovely

(4c) The Continuous Present

Estar and the Gerund are used to form the continuous tenses.
Está comiendo He is eating
This construction is similar to English.
José está trabajando en el jardín José is working in the garden (now)
but:

José trabaja en el hotel de su tío José works in his uncle's hotel (habit)

29

(4d) **Numbers**

11 *once*	14 *catorce*	17 *diez y siete* or *diecisiete*
12 *doce*	15 *quince*	18 *diez y ocho* or *dieciocho*
13 *trece*	16 *diez y seis* or *dieciséis*	19 *diez y nueve* or *diecinueve*
		20 *veinte*

EXERCISES

1. Practice with *ser*

Form as many sentences as possible using words from each group. Make adjectives and pronouns agree as necessary. Make sure that every sentence makes sense.

(a) With an adjective to show an inherent characteristic

A	B	C
Juan	es	grande
María		elocuente
		inteligente
		simpático
		pequeño
		encantador
		trabajador (hardworking)
		hablador (talkative)

Compare: *Juan es hablador*   John is talkative (usually)

with: *Juan está hablador hoy*   John is talkative today (he isn't usually talkative, but he is today)

A	B	C
Su casa	es	grande
Mi coche		pequeño
		blanco
		moderno

(b) With nationality or occupation

A	B	C
Carlos	es	labriego
Mi amigo		español
Su madre		soldado (soldier)
		inglés
		profesor (*f.* profesora)
		marinero (sailor)
		italiano
		pescador
		actor (*f.* actriz)
		médico (*f.* médica) (doctor)
		arquitecto

30

(c) To show ownership, origin or material from which something is made.

A	B	C
La casa	es	de María
La barca		de madera
El coche		de Pedro
		de Londres
		de hierro (*iron*)
		de Juan
		de Teresa
		de Barcelona

(d) When the verb to be is followed by a pronoun. Make sure the pronoun agrees with the noun to which it refers.

A	B	C
La casa	es	mío
Los libros	son	tuyo
La barca		nuestro
Las botellas		suyo

(e) When the verb to be is followed by a noun. (This is one of the commonest uses of *ser*.)

A	B
Es	mi amiga
María es	la iglesia
	la hermana
	mi coche
	el mejor hotel
	el café de Juan
	su madre
	mi hija

But *estar* must be used if place where is indicated.

A	B
Aquí está	mi amiga
	la iglesia
	la hermana
	mi coche
	el mejor hotel
	el café de Juan
	su madre
	mi hija

Contrast: *estar* + place where

with: *ser* + noun

A	B	A	B
¿Quién está en...	la cocina?	Es	la señora Pérez
	la huerta?		el médico
	el comedor?		el señor Sánchez
	el cuarto de baño?		mi tío
	el vestíbulo?		su hermano
			nuestra hija

2. Practice with *estar*

Form as many sentences as possible using words from each group. Make adjectives agree as necessary.

(a) To indicate place where

A	B	C
Juan	están	en el piso principal
La casa	está	en el café
Nuestros amigos		situado allí (there)
		en el jardín
		en la ciudad
		a la derecha
		en la playa
		en el campo
		en la barca
		a la izquierda
		en el piso bajo
		aquí
		en la calle Pizarro
		a catorce kilómetros de la ciudad

(b) To indicate an accidental or temporary state (one different from the usual or expected)

Make adjectives agree as necessary.

A	B	C	D
Hoy (*Today*)	María	están	malhumorado
Esta mañana	nuestros niños	está	cansado
(*This morning*)	el señor Pérez		alegre
			pálido (*pale*)
			muy ocupado
			furioso
			enfermo (*unwell*)

(c) To form "continuous" tenses with the Gerund

A	B	C	D
El señor Pérez	está	comiendo	un vaso de cerveza
	estaba (*was*)	comprando	vino
		tomando	los vasos
		bebiendo	el pan
		lavando	la fruta
			la casa
			la comida

(d) With the Past Participle to show a state or condition. Make the Past Participle agree as necessary.

A	B	C	D
La señora Sánchez	está	sentado	en la sala de estar
Los hermanos	están		en el comedor
			en el vestíbulo
			en la cocina

3. Fill in the blanks with *ser* or *estar* as appropriate. Give reasons for your choice.

1. El amigo del señor Pérez — labriego.
2. La madre de Juan — enferma hoy.
3. Rodrigo — un perro muy inteligente.
4. ¿Dónde — mi hermano? — en la casa.
5. Los habitantes de la aldea — muy pobres.
6. Londres — la capital de Inglaterra.
7. Madrid — en el centro de España.
8. Mi hermano — muy malhumorado hoy.
9. Mi padre — médico. Hoy — en el campo.
10. El amigo de Juan — cantando (*singing*) en el cuarto de baño.

4. Write the numbers in full:

5 casas	18 mujeres	3 perros	4 hermanos
15 libros	20 días	13 hombres	14 iglesias
		11 niños	19 vasos

5. Vocabulary practice. Form ten sentences using a word or words from each column.

A	B	C
Pasa	tristemente	es imposible
El perro	sube	en la ciudad
Decide que	está	a su casa
Tiene que	dos horas	un plato de carne
Da	legumbres	un traje nuevo
Vuelve	tiene	en su coche
El señor Pérez	tal situación	a catorce kilómetros de la ciudad
Compra	impaciente	para su cena
Está esperando	al perro	un gran defecto
Su finca	pagar	la vuelta de su amo

33

Chapter 5
EN EL TREN

Cierto estudiante está viajando por España. Está sentado en un departamento de tercera clase donde hay mucha gente. Un hombre pálido y melancólico lee un libro, otro pasajero, con la cabeza cubierta con un diario, ronca en el rincón, y en el asiento de enfrente hay una mujer y dos niños. Cada niño está comiendo una naranja. Tienen las caras y las manos cubiertas del jugo de las naranjas.

Un pasajero ha abierto la ventanilla y la brisa fresca entra en el departamento. Cuando los niños han terminado las naranjas, la madre pone la cáscara de la fruta en un paquete. Luego echa el paquete debajo del asiento y limpia las caras y las manos de los dos niños.

Cuando el hombre pálido ve que los niños han terminado las naranjas, saca de su maleta una botella de vino blanco y un paquete de comida. Como todos los españoles, el hombre observa la costumbre de ofrecer la comida a sus compañeros de viaje. Por supuesto tal costumbre no es nada más que una formalidad y nadie acepta la comida que ofrece el viajero.

Pero, por desgracia, el hombre pálido ofrece la comida al estudiante, que no comprende la costumbre española. Es además muy distraído. El estudiante, que está leyendo un libro, mira con sorpresa al español, toma la comida y ¡echa el paquete debajo del asiento!

Los otros viajeros están estupefactos y miran con horror al estudiante. El hombre pálido está furioso y pregunta al estudiante por qué ha hecho tal cosa. El estudiante contesta:

—Lo siento mucho. ¿No ha terminado Vd.?

VOCABULARY

abierto open(ed)
el asiento seat
la brisa breeze
la cabeza head
cada each, every
la cara face
la cáscara peel
la clase class
como like, as, how
el compañero companion
comprender to understand
la cosa thing
la costumbre custom
cubierto covered
debajo de under
el departamento compartment
la desgracia misfortune
el diario newspaper
distraído absent-minded
echar to throw
enfrente opposite, in front
España (f.) Spain
el español Spaniard
el estudiante student
estupefacto petrified
la formalidad formality
fresco fresh
la gente people
hecho done, made
el jugo juice
leer to read
leyendo (Gerund) reading

limpiar to clean
lo siento mucho I'm very sorry (I feel it much)
la maleta suitcase
más more, most
melancólico melancholy
nada nothing
no es nada más que it is nothing more than, it is only
nadie nobody
la naranja orange
observar to observe
otro other, another
pálido pale
el paquete packet, parcel
el pasajero passenger
poner to put
por desgracia unfortunately
por supuesto of course
que who, whom, which, than
el rincón corner
roncar to snore
el ruido noise
sacar to take out
tercero third
todavía yet, still
el tren train
la ventanilla window (car, train)
ve (he) sees
viajar to travel
el viaje journey
el viajero traveller

Answer in Spanish the following questions:

1. ¿Dónde está sentado el estudiante?
2. ¿Qué hace el hombre pálido y melancólico?
3. ¿Qué hace el pasajero en el rincón?
4. ¿Cuántas personas hay en el asiento de enfrente?
5. ¿Qué hace la madre cuando los niños han comido las naranjas?
6. ¿Por qué limpia la madre las caras y las manos de los niños?
7. ¿Qué saca el hombre de su maleta?
8. ¿Cuál es la costumbre española?
9. ¿Por qué no aceptan la comida los pasajeros españoles?
10. ¿Por qué está furioso el hombre pálido?

CONVERSATION PRACTICE: LOS PASAJEROS

PEDRO; CARLOS

PEDRO: ¿Qué hace el estudiante?
CARLOS: Está viajando por España.
PEDRO: ¿En un departamento de primera clase?
CARLOS: No. En uno de tercera clase.
PEDRO: ¿Cuántas personas hay en este departamento?
CARLOS: Hay muchas personas: una mujer y dos niños, un hombre pálido, otro pasajero y, por supuesto, el estudiante.
PEDRO: Es decir, seis personas en total.
CARLOS: Sí.
PEDRO: ¿Qué hacen los pasajeros?
CARLOS: Uno está roncando en el rincón, el hombre pálido lee un libro y los niños están comiendo naranjas.
PEDRO: El estudiante no es muy inteligente ¿verdad?
CARLOS: Es distraído, y, además, no comprende que la costumbre española no es nada más que una formalidad.

primero	first	**en total**	in all
es decir	that is to say	**hacen**	(they) do, make
este, esta	this		

GRAMMAR

(5a) **Present tense of** *haber,* **to have**

he	has	ha	hemos	habéis	han

Haber is used to form the Perfect tense.
Tener is used with the meaning of "to hold", "to possess".

(5b) **The Perfect tense**

The Perfect tense is formed by adding the Past Participle to *haber*:

He pensado   I have thought
Han llegado   They have arrived
Hemos comido   We have eaten
He comido bien   I have eaten well

(i) *Haber* is not separated from the Past Participle.
¿*Ha venido María*?   Has Mary come?
¿*Ha terminado Vd*?   Have you finished?
(ii) The Past Participle used with *haber* is invariable.
(iii) The use of the Perfect tense is similar to English.

(5c) **Irregular Past Participles**

escrito   written (*escribir*)
vuelto   returned (*volver*)
roto   broken (*romper*)
abierto   opened (*abrir*)
cubierto   covered (*cubrir*)
The text also includes:
hecho   done, made (irregular verb *hacer*)

(5d) **Negatives**

nada   nothing
nadie   nobody
ninguno (*-a, -os, -as*)   none, not any
jamás   never (used with a positive, it means "ever")
nunca   never
tampoco   neither
ni . . . ni   neither . . . nor
Nunca habla inglés   he never speaks English
Nadie trabaja en la casa   nobody works in the house

The double negative with *no* must be used if these words follow the verb:

No habla nunca inglés   he never speaks English
No trabaja nadie en la casa   nobody works in the house
No hace nada   he does nothing
No bebo ni té ni café   I drink neither tea nor coffee

Note also:

Ni yo tampoco   neither do I

(5e) **Adverbs**

(i) We have, so far, come across the following adverbs:
generalmente generally   *lentamente* slowly   *tristemente* sadly

Adverbs are formed by adding *-mente* to the feminine adjective.
An adverb is placed as near as possible to the word it modifies.

(ii) Some adverbs do not end in *-mente* Common examples are:

bien	well	*mucho*	much	*poco*	little
sólo	only	*temprano*	early	*tarde*	late

EXERCISES

1. Practice with the Perfect tense.

Form as many sentences as you logically can using a word or words from each column.

(i)

A	B	C
No hemos	escrito	ni té ni café
Juan no ha	abierto	la puerta
	comido	el libro
	bebido	la ventanilla
		ni vino ni cerveza
		la carta
		tal cosa
		ni patatas ni fruta
		mucho
		ni pan ni sopa

(ii) Perfect tense with inverted subject.

A	B	C
No ha	venido (come)	el tren
	vuelto	el hombre
	llegado	el señor Pérez
		mi madre
		la señora Martínez
		nadie
		María
		nada

(iii) Perfect tense with adverbs. Revise Rule (5e).

A	B	C
Juan ha	hecho	tarde
Ni mi amigo ni yo hemos	comido	demasiado
	llegado	mucho
		bien
		temprano
		poco

2. Complete the following sentences by replacing in Spanish the words in brackets:

1. Ha (*written*) muchas cartas a sus amigos.
2. Mis padres no han (*arrived*) todavía.
3. La madre ha (*opened*) la ventanilla.

38

4. (*We have*) trabajado mucho en el jardín.
5. El hombre ha (*drunk*) la cerveza.
6. Mis amigos no han (*returned*) todavía.
7. Ha (*spoken*) español con mis amigos.
8. (*We have*) muchos amigos en Madrid.
9. (*They have*) roto la ventanilla.
10. (*He has*) unas botellas de vino blanco.

3. Answer in Spanish with complete sentences:
   1. ¿Ha viajado Vd. mucho en tren?
   2. ¿En qué clase del tren viaja Vd? (¿Primera o segunda?)
   3. ¿Lee Vd. mucho? ¿Qué libros ha leído Vd?
   4. ¿Qué diario ha leído Vd. hoy?
   5. ¿Cuántas personas hay en su (*your*) familia?
   6. ¿Quiénes son?
   7. ¿Qué bebe Vd. en casa? ¿Vino, cerveza, té, café?
   8. ¿Cuántas personas hay es esta (*this*) sala?
   9. ¿Tiene Vd. un perro? ¿Es inteligente?
   10. ¿Tiene Vd. un jardín? ¿Qué cultiva Vd. en su jardín? ¿Tiene Vd. una huerta? ¿Qué cultiva Vd. en su huerta?
   11. ¿Vive Vd. en una ciudad? ¿Vive Vd. en una aldea?
   12. Describa Vd. su casa. Si Vd. vive en un piso, describa su piso.

(*Describa Vd.* = Imperative of *describir*, to describe)

4. Form adverbs from the following words:

   triste   lento   alegre   nuevo   cómodo   hermoso   enorme   delicioso
   alto   afortunado   severo   dócil   cierto   agradable   fresco

5. Vocabulary practice. Form ten sentences using words from each column:

A	B	C
Tal costumbre	limpia las manos	al estudiante
Los niños	en el departamento	las naranjas
La madre	está leyendo	la ventanilla
El hombre pálido	miran con horror	que ofrece el viajero
El estudiante	ronca	de tercera clase
Otro pasajero	ha abierto	un libro
Los otros viajeros	la comida	en el rincón
Hay mucha gente	no es nada más que	una formalidad
Nadie acepta	ofrece la comida	de los niños
Un pasajero	han terminado	al estudiante

REVISION EXERCISES

ACCENTUATION

1. Revise the rules for accentuation on page xii of the Introduction. It is important to have a clear understanding of these rules, so that there may be no difficulties about using the accent and applying the stress on the correct syllable.

(*a*) Practise reading aloud the following words:
amigo delante principal día hacia hacía escalera llamamos hablan ciudad pero perro llegan hijo hermano hombre

(*b*) Explain the reason for the accents in the following words:
dócil desdén está aquí pálido inglés ¡Cómo! ¿Cuándo? día él grúa frío

(*c*) Why is the accent dropped in *estaciones* and *francesa*?

2. Revise the grammar and vocabulary of Chapter 1.

(*a*) Turn into Spanish:

Pedro is a fisherman	He goes along the street
Carmen's sister	He is on the beach
He drinks beer	He drinks no wine
He is in the house	He goes to the café

Revise the grammar and vocabulary of Chapter 2.

(*b*) Turn into Spanish:

She is sitting in a chair	Where do you live?
Good morning	Not far from the café
How are you?	They are very pleased
He knocks at the door	They live in a small, white house

Revise the grammar and vocabulary of Chapter 3.

(*c*) Turn into Spanish:

The house where my friend lives	A Frenchwoman
A delightful girl	On the left of the street
He has no wine	My house is better
They have two children	Let us go and see the garden

Revise Rule (3*b*) page 20.

(*d*) Turn into Spanish:

My sister and his	The fruit is mine
Your friend and mine	The house is his
My house and theirs	The beer is ours
Our books and his	The wine is mine
His boat and mine	The book is yours

Revise Rule (3e) page 21.

(e) Turn into Spanish:

We visit his mother	We visit their house
We visit the church	We visit Señor Pérez
We visit Pedro	We visit the village
We visit my sister	We visit our friends

(f) Give the plural of:
la madre   la familia   el amigo   la flor   la mujer   la voz   la vez
usted   el melón   el ladrón   el sillón   la estación   el jardín   inglés
francés

(g) Write in the plural:
Vivo en una casa blanca y pequeña.
La hermana está sentada.
La habitación parece muy cómoda.
Mi hermano va a visitar a su amigo.

(h) Write in full the numbers from 1 to 10.

3. Revise the grammar and vocabulary for Chapter 4.

(a) Turn into Spanish:

The book is Mary's	My house is in the country
He is waiting at the door	He is waiting impatiently
Many Englishwomen	What a voice!
Another day	We are fishermen
How is your father?	A little meat
He introduces his friend	I'm very sorry
The other girls	A small house
Pepe is furious	

Revise the vocabulary and grammar for Chapter 5.

(b) Turn into Spanish:

There are not many people here	They never talk Spanish
María is hardworking	The same street
The door is open	He looks at the house
They have visited my father	How many pesetas?
He is travelling through Spain	She is very intelligent

(c) Write the appropriate article (el or la) before the following nouns:
abrigo   norte   formalidad   pescador   flor   virtud   ladrón   vino
derecha   hombre   calle   mirada   día   cerveza   amo   ciudad
niño   gente   libro   costumbre   tren   voz   lugar   legumbre
carne

Revise Rule (2i) page 13.

(d) Give the Gerund of:
cantar   vivir   trabajar   beber   llegar   comer

(e) Give the Past Participle of:
terminar   comer   romper   vivir   escribir   cubrir   ofrecer   volver
hacer   mirar

41

(*f*) Write out in full the numbers from 11 to 20.

(*g*) Give the first and third persons singular and plural of the Present tense of the following verbs:

    hablar   tener   terminar   vivir   comer   ser   tomar   estar   haber
    beber

(*h*) Rewrite these sentences, changing the verbs from the Present to the Perfect tense:

1. Mis padres llegan a la iglesia.
2. Vivo en una casa cerca de la playa.
3. Los pasajeros abren la ventanilla.
4. Terminamos el trabajo.
5. Juan y María entran en el café.
6. Hablo inglés con mis amigos.

(*i*) Rewrite the following sentences, using the Continuous Present:

1. Juan visita a su hermana en el campo.
2. Mis amigos comen fruta en la playa.
3. Hablamos español con la chica bonita en el café.
4. El francés bebe un vaso de vino bajo las palmeras.

Chapter 6
EN EL MERCADO

La señora Sánchez tiene que ir al mercado para comprar los comestibles para su familia. Hoy sale de su casa acompañada de su hija Teresa que va a comprar un poco de tela para hacer un vestido.

Atraviesan la Calle Mayor y, unos momentos después, llegan al mercado, donde hay mucha gente. Esta mañana la señora Sánchez quiere ir al puesto del carnicero. Compra un kilo de carne porque hoy algunos amigos van a comer en casa de los Sánchez. Pero después de un rato, la señora vuelve al puesto del carnicero. Está furiosa.

—Esta carne que Vd. me ha vendido—¡no está muy católica!

El carnicero está atónito. Contesta que en verano, con el calor tremendo, no es fácil mantener la carne en un estado fresco y que ella debe guisarla inmediatamente.

La señora Sánchez dice que el carnicero es impertinente, pero éste no hace caso. Entonces discuten con mucho calor pero cuando los otros clientes empiezan a oir lo que dice la señora Sánchez, el carnicero decide rápidamente que más vale cambiar la carne. Luego la señora Sánchez va hacia un comercio donde venden tela.

El mercado está aun más lleno de gente que antes. Dos hombres están gritando furiosamente y se ha formado una gran muchedumbre. El hombre más alto es el propietario de un puesto y acusa al otro de robar algún artículo de su puesto. El hombre más bajo dice que le ha insultado y la situación se va poniendo muy fea. Pero cuando llega un policía, la gente desaparece como por arte de magia, lo que no sorprende a la señora Sánchez.

Durante este episodio pierde de vista a su hija, pero poco después descubre a Teresa en un comercio de tejidos donde el comerciante está mostrando a la chica unas telas. La chica quiere comprar la tela más cara y más vistosa, pero su madre no lo permite y Teresa tiene que comprar una tela más barata.

Entonces la señora Sánchez va al puesto del verdulero. Después de regatear con el vendedor, porque la señora piensa que los precios son demasiado caros, compra uvas, peras y un melón. Luego la señora Sánchez y su hija vuelven a casa para preparar la comida.

VOCABULARY

acompañar to accompany
acusar to accuse
algún, alguno some, any
antes before
el arte art
el artículo article
atónito astonished
atravesar (ie) to cross
aun even
bajo low, short
barato cheap
la Calle Mayor High Street
el calor heat
cambiar to change
el carnicero butcher
caro dear, expensive
el caso: no hace caso he takes no notice
católico wholesome, Catholic
la chica girl
el cliente customer
el comerciante shopkeeper
el comercio shop

los comestibles provisions
de (after Past Participle) by
deber to owe, be compelled to, "must"
demasiado too, too many
desaparecer to disappear
descubrir to discover
después de regatear after haggling, ("to haggle")
dice (from **decir**) (she) says
discutir to argue, discuss
durante during
ello it (neuter pronoun)
empezar (ie) to begin
el episodio episode
el estado state
este, esta this
fácil easy
feo ugly
gritar to shout
guisar (la) to cook (it)
hacia towards
inmediatamente immediately

ir to go
el kilo kilogramme (2·2 lb)
lleno full
lo it
lo que which, what
la magia magic
la mañana tomorrow, morning
mantener to keep, maintain
el melón melon
el mercado market
mostrar (ue) to show
la muchedumbre crowd
oir to hear
pensar (ie) to think
la pera pear
perder (ie) to lose
perder de vista to lose sight of
permitir to permit
un poco a little
el policía policeman
la policía police
el precio price

el propietario owner, proprietor
el puesto stall
querer (ie) to want, like
rápidamente quickly
el rato while, time, interval
regatear to haggle
robar to steal
salir to go out
se va poniendo (it) starts becoming
sorprender to surprise
los tejidos textiles, woven goods
la tela cloth
tremendo tremendous
la uva grape
valer to be worth; más vale it is
  better (it is worth more)
el vendedor (shop) assistant
vender to sell
el verano summer
el verdulero greengrocer
el vestido dress
vistoso showy, bright

Answer in Spanish the following questions:

1. ¿A dónde va la señora Sánchez?
2. ¿Por qué va la señora Sánchez al puesto del carnicero?
3. ¿Por qué vuelve al puesto del carnicero?
4. ¿Por qué decide el carnicero que más vale cambiar la carne?
5. ¿Por qué se ha formado una gran muchedumbre?
6. ¿Qué hace la gente cuando llega un policía?
7. ¿Qué hace el comerciante de tejidos?
8. ¿Qué quiere comprar Teresa?
9. ¿Por qué regatea la señora Sánchez con el verdulero?
10. ¿Qué compra por fin?

CONVERSATION PRACTICE: LA SEÑORA SÁNCHEZ VA DE COMPRAS

La Señora Sánchez; El Carnicero

CARNICERO: Buenos días, señora. ¿Qué desea Vd.?
SEÑORA: Quiero comprar un poco de carne.
CARNICERO: Sí, señora. Con mucho gusto.

45

SEÑORA: ¿Qué puede Vd. ofrecer?

CARNICERO: Aquí tengo biftec. Es de la mejor calidad.

SEÑORA: ¿Cuánto cuesta?

CARNICERO: Trescientas pesetas el kilo.

SEÑORA: Es algo caro. ¿No tiene Vd. nada más barato?

CARNICERO: Sí, señora. Aquí tengo chuletas. No son tan caras.

SEÑORA: Cuatro chuletas, por favor.

CARNICERO: Gracias, señora.

SEÑORA: Ahora quiero comprar algunas legumbres.

CARNICERO: Más vale comprar las legumbres en el nuevo supermercado de la calle Pizarro.

SEÑORA: ¿Los precios no son demasiado caros?

CARNICERO: No, señora. Resulta más barato comprar las legumbres allí y todo es de la mejor calidad. Y además de legumbres y frutas, venden toda clase de comestibles.

SEÑORA: Parece ser un comercio excelente.

CARNICERO: Por supuesto, señora. El propietario es mi hermano.

va de compras (she) goes shopping
¿puede Vd? are you able, can you?
el biftec beefsteak
trescientas 300
la chuleta cutlet
cuesta costs; **costar (ue)** to cost
la calidad quality
resulta más barato it is cheaper
algo caro rather (somewhat) expensive

GRAMMAR

(6a) Demonstrative adjectives

masculine	feminine	
este	*esta*	this
estos	*estas*	these
ese	*esa*	that (close at hand)
esos	*esas*	those
aquel	*aquella*	that (more remote)
aquellos	*aquellas*	those

esta casa this house   *esos hombres* those men
aquella playa that beach

46

(6b) **Demonstrative pronouns**

(i) These are the same in form as the adjectives, the only difference being that they bear the written accent.

Esta casa y aquélla   this house and that one
Estos hombres y ésos   these men and those

(ii) There are also neuter demonstrative pronouns. They have no accent:
¿Qué es esto?   What is this?
Eso (aquello) no es tan fácil   That is not so easy.

(6c) *El, la, los, las* are used before *de* or *que* to mean "he who", "those who", "the one which", "that of", etc.

(i) With *de*:
Mi hijo y el de Juan   My son and John's
Esta casa y la de María   This house and Maria's

(ii) With a relative. Here *quien(es)* may also be used if the subject is personal:
$\left.\begin{array}{l}El~que\\Quien\end{array}\right\}$*trabaja mucho es feliz*   He who works hard is happy

$\left.\begin{array}{l}Los~que\\Quienes\end{array}\right\}$*viven en esta ciudad son pobres*   Those who live in this city are poor
Esta casa es la que Vd. busca.   This house is the one you are looking for

(iii) *Lo que* means that which, what:
No hablamos de lo que hace Juan
We do not talk about what John does
Lo cual and *lo que* mean "which", referring to previous statements or ideas:
Bebe todo el vino, lo cual (lo que) enoja a mi madre
He drinks all the wine, which annoys my mother

(6d) **Radical-changing verbs (1st and 2nd conjugations)**

Certain verbs, which are otherwise regular, change their root vowels when the stress falls on that root: *o* changes to *ue*, *e* to *ie*.

Present tenses:

volver (to return)	*perder* (to lose)
vuelvo	*pierdo*
vuelves	*pierdes*
vuelve	*pierde*
volvemos	*perdemos*
volvéis	*perdéis*
vuelven	*pierden*

There is no change in the first and second persons plural as the root vowels are unstressed. Radical-changing verbs of this group are shown in the vocabulary thus:

volver (ue)   *perder (ie)*

Radical-changing verbs in the Spanish passage *En el Mercado* are:

atraviesan   *quiere*   *vuelve*   *empiezan*   *piensa*

6e) **Comparison of adjectives**

(i) *grande* big   *más grande* bigger   *el (la) más grande* biggest
Esta calle es la más hermosa de la ciudad
This street is the most beautiful in the city
"In" after a superlative (i.e. biggest, longest, etc.) is *de*.
If the superlative immediately follows the noun, the article (el or la) is dropped:

Las montañas más altas de España   The highest mountains in Spain

(ii) "Most" followed by a noun is *la mayor parte de*:
La mayor parte de los niños van a la playa
Most of the children go to the beach

(6f) **Irregular comparisons**

A few adjectives compare irregularly:
bueno good   *mejor   el (la) mejor*
malo bad   *peor   el (la)peor*
grande large {*mayor* larger, older   *el (la) mayor* largest, oldest
{*más grande* larger   *el (la) más grande* largest
pequeño small {*menor* smaller, younger
{*el (la) menor* smallest, youngest
{*más pequeño* smaller
{*el (la) más pequeño* smallest

(i) *Mejor* and *peor* usually precede the noun. The irregular comparatives *mejor, peor, mayor, menor* do not add *-a* in the feminine.

(ii) Note word order with *mayor* and *menor*.
Mi hermana mayor   my older sister
Mi hermano menor   my younger brother
but
la mayor parte   the greater part, most

EXERCISES

1. Form as many sentences as you logically can, choosing a word or words from each column. Note that in these sentences *que* means "than".

A	B	C
Esta casa es	más grande que	aquélla
	más vieja que	el comercio de Juan
	mejor que	ésa
	peor que	

A	B	C
María es	mayor que	la hija de Juan
La señorita Sánchez es	más inteligente que	Carmen
	más bonita que	Teresa

48

Be careful not to confuse *es* with *está*. Think carefully about the meaning of the words.

A	B	C	D
Mi hermana	empieza a	la fruta en	su amiga
	compra	más hermosa que	el mercado
	está	más simpática que	María
	es	trabajar en	aquel café
		comprando vino en	el jardín

A	B	C
Resulta más barato comprar	pan	en el supermercado
	vino	en el puesto de Juan
	fruta	en aquel comercio
	carne	
	legumbres	

De after a superlative adjective (e.g. biggest, best) means "in".

A	B	C	D
Esta chica	es	la más hermosa	de la aldea
Este hotel		el mejor	de la ciudad
Aquella casa		la mejor	de la calle
		la peor	

Lo cual (also *lo que*) means "which", referring to a previous action.

A	B	C
Habla demasiado,	lo cual (lo que) enoja	a mi padre
Bebe demasiado,	lo cual (lo que) no sorprende	al señor Sánchez
No trabaja mucho,		al propietario
No hace nada,		
No come nada,		

Lo que can also mean "what" when used with a verb.
No hace caso de=He takes no notice of.
   Note how the subject has been put after the verb to balance the sentence better.

A	B
No hace caso de	lo que dice la señora Sánchez
	lo que hace la chica
	lo que compra la hija
	lo que ha hecho el comerciante
	lo que quiere su esposa
	lo que trae el viajero

Remember that the masculine and feminine demonstrative pronouns (this one, that one) need the written accent (*éste, ése, aquél*). *Este artículo y ése* This article and that one.

2. Turn into Spanish:

(*a*) 1. This house and that one (more remote).
2. This girl and that one.
3. This pear and that one.
4. This orange and that one.
5. This suitcase and that one.
6. That (nearby) house and this one.
7. That (nearby) girl and this one.
8. That (nearby) pear and this one.
9. That (nearby) orange and this one.
10. That (nearby) suitcase and this one.
11. These houses and those (more remote).
12. These girls and those (more remote).
13. These pears and those (more remote).
14. Those (nearby) girls and these.
15. Those (nearby) houses and these.

(*b*) 1. This man and that one (more remote).
2. This book and that one (more remote).
3. This hotel and that one (more remote).
4. This tomato and that one (nearby).
5. This glass and that one (nearby).
6. That (nearby) man and this one.
7. That (nearby) glass and this one.
8. That (nearby) book and this one.
9. That (nearby) tomato and this one.
10. That (nearby) hotel and this one.
11. These men and those (more remote).
12. These glasses and those (more remote).
13. These books and those (more remote).
14. Those (nearby) tomatoes and these.
15. Those (more remote) hotels and these.

3. Write out in full in the present tense:

querer (ie)   volver (ue)   empezar (ie)   mostrar (ue)   pensar (ie)

4. (*a*) Close the book and write down the names of five different fruits which you can buy in the market.

(*b*) Write a list of any 12 other things you can buy in the market.

5. Turn into Spanish:

(*a*) 1. My elder sister   2. This house is better   3. My younger brother   4. That beer is worse   5. Most of the girls.

(*b*) Revise Rule (6c) page 47.
1. My father and John's   2. My car and María's   3. My glass and Teresa's
4. My books and Pedro's   5. My friends and Teresa's   6. My house and Juan's
7. My mother and María's   8. My sister and Pedro's   9. My suitcase and Carmen's.

(*c*) Do not confuse *este, ese, aquel*, which refer to masculine nouns, with *esto, eso* and *aquello*, which do not refer to anything specific.
1. What is this? 2. What is that? 3. This is not very good 4. That is not very easy 5. He takes no notice of this 6. He takes no notice of that.

(*d*) Be careful not to confuse ¿*Por qué*? and *porque*.
1. Why? Because it is easier 2. Why? Because it is more expensive 3. Why? Because it is bigger. 4. Why? Because it is the prettiest 5. Why? Because it is the easiest. 6. Why? Because it is better 7. Why? Because it is worse 8. Why? Because it is too big 9. Why? Because it is too good 10. Why? Because it is too small.

(*e*) Remember that the pronouns (*éste, ése, aquél*) need the written accent.
1. What book is this? It is the one which he is going to buy 2. What wine is this? It is the one which he is going to buy 3. What suitcase is this? It is the one which he wants to buy 4. What house is this? It is the one which he wants to buy 5. He talks about what he does 6. She talks about what she is going to do 7. He takes no notice of what he says 8. Those who live in that street.

6. Vocabulary revision. Form ten sentences, using words from each column.

A	B	C
Bebe mucho vino,	los más caros	lo que dice la señora
Esta chica es	no hace caso de	de la aldea
Los clientes	están gritando	ésa
Teresa y su madre	lo que no sorprende	a su mujer
Dos hombres	más simpática-que	del mercado
La gente desaparece,	la tela	más cara
Sus precios son	lo cual enoja	la Calle Mayor
El carnicero	empiezan a oir	en el mercado
Teresa quiere comprar	la más bonita	a la señora
Esa chica es	atraviesan	lo que dice

7. Free composition.
Expand the following outline into about 120 words (3 paragraphs of about 40 words). Make your sentences short and clear.

Una visita al mercado

1. La señora Sánchez—el mercado—comprar comestibles—el puesto del carnicero—un kilo de carne.
2. Mucha gente—el verdulero—la señora está atónita—precios caros—un poco de fruta.
3. Teresa—tela vistosa—demasiado cara—su madre no lo permite—vuelven a casa.

Chapter 7
EL CONTRABANDISTA

Un tren acaba de llegar a la frontera española. Es a principios de agosto y el tren está lleno de turistas ingleses, franceses y alemanes. Todo el mundo tiene que bajar. Los viajeros van por el andén hasta la entrada de la aduana donde enseñan sus pasaportes al policía.

Los aduaneros están muy ocupados a causa de la cantidad de gente que hay. Cierto estudiante español llega a la aduana y el carabinero le mira desconfiado.

— ¿Tiene Vd. algo que declarar? ¿Vino, licores, cigarrillos?

—No, señor, no tengo nada que declarar. Tengo sólo dos regalos para mis padres.

El estudiante tiene que abrir su maleta. El carabinero busca en el interior bajo la ropa y halla media botella de coñac. El carabinero le mira enojado:

— ¿Por qué no lo ha declarado Vd.?

El estudiante desafortunado le explica que lo ha olvidado. El oficial le habla muy severamente. Otro español, hombre viejo y gordo, hace un gesto de horror y le[1] dice al carabinero:

—¡Qué cosa más vergonzosa!

El pobre estudiante tiene que pagar los derechos de aduana.

El tren silba impaciente y los otros pasajeros van rápidamente hacia los coches. El hombre le[1] dice al carabinero que no tiene nada que declarar y va a subir en el tren. Pero desafortunadamente, unos momentos después, una de sus maletas cae sobre el andén y se rompe. Todo el contenido de la maleta cae fuera. El hombre gordo y viejo parece muy desconcertado, y rápidamente pone todo en la maleta. Le ayuda el jefe de aduana, hombre muy cortés y simpático.

Pero ¿qué vemos allí? Muchos relojes, dos botellas de coñac y dos de licores franceses. La voz del aduanero está llena de ironía cuando le pregunta:

—De modo que Vd. no tiene nada que declarar ¿verdad?

El estudiante español mira por la ventanilla de un coche. Está muy alegre. El tren sale de la estación mientras el hombre gordo desaparece en el despacho del jefe de aduana para explicarle todo.

[1]Do not translate *le*.

VOCABULARY

acabar to finish
acabar de to have just
la aduana customs office
el aduanero customs officer
agosto August
alemán German
algo something, somewhat
el andén platform
ayudar to help
bajar to come down
buscar to look for
caer to fall
la cantidad quantity
el carabinero frontier guard, customs officer
la causa cause; **a causa de** because of
el coñac brandy
el contenido contents
cortés courteous
los derechos de aduana customs dues
desconcertado embarrassed
el despacho office
enseñar to show, teach
la entrada entrance
francés French
la frontera frontier
fuera out, outside
el gesto gesture
gordo fat

hallar to find
hasta up to, as far as, until
inglés English
la ironía irony
el jefe de aduana customs chief
el licor liqueur
medio half
el modo way, means; **de modo que** so (that)
el mundo world; **todo el mundo** everybody
olvidar to forget
los padres parents
el pasaporte passport
pobre poor
poner to put
el principio beginning; **a principios de** at the beginning of
el reloj watch
romper to break; **se rompe** it breaks open
la ropa clothing
severamente severely
silbar to whistle
sobre on (top of), over
sólo (*adv.*) alone, only
el turista tourist
¡Qué cosa más vergonzosa! What a (most) disgraceful thing!
vergonzoso disgraceful
viejo old

Answer in Spanish the following questions:

1. ¿Dónde llega el tren?
2. ¿Qué hacen los viajeros a la entrada de la aduana?
3. ¿Por qué están muy ocupados los aduaneros?
4. ¿Qué halla el aduanero en la maleta del estudiante español?
5. ¿Por qué no lo ha declarado el estudiante español?.
6. ¿Qué hace el hombre gordo? ¿Qué dice?
7. ¿Qué tiene que hacer el estudiante?
8. ¿Por qué parece muy desconcertado el hombre gordo?
9. ¿Qué contiene su maleta?
10. ¿Por qué tiene que entrar en el despacho del jefe de aduana?

CONVERSATION PRACTICE: EN LA ADUANA ESPAÑOLA

EL ADUANERO; EL TURISTA

ADUANERO: Buenos días señor. ¿Tiene Vd. su pasaporte?

TURISTA: Sí. Aquí está.

ADUANERO: ¿Cuánto tiempo va Vd. a pasar en España?

TURISTA: Dos semanas.

ADUANERO: ¿Estas maletas son suyas?

TURISTA: Sí.

ADUANERO: ¿No tiene Vd. nada que declarar?

TURISTA: Sí. Tengo dos botellas de vino, cien cigarrillos, y un regalo para mi hermana.

ADUANERO: Haga Vd. el favor de abrir esta maleta.

TURISTA: Allí está el regalo para mi hermana. Como ve Vd., es una botella de perfume.

ADUANERO: ¿Dónde lo ha comprado Vd.?

TURISTA: En Francia.

ADUANERO: La botella es algo grande.

TURISTA: ¿Tengo que pagar derechos de aduana?

ADUANERO: No señor.

TURISTA: Muchas gracias. No tengo mucho dinero.

ADUANERO: Puede Vd. pasar ahora.

TURISTA: ¿De qué andén sale el expreso para Madrid?

ADUANERO: Del andén número ocho.

TURISTA: Muchas gracias.

ADUANERO: De nada. Buen viaje.

haga Vd. el favor   please (do the favour)
de abrir   of opening (to open)
el dinero   money
de nada   not at all
algo grande   rather (somewhat) big
la semana   week

GRAMMAR

(7a) **Comparison of adjectives**: translation of "than"

(i) "Than" is usually expressed by *que*:
Mi coche es más viejo que el de Juan My car is older than John's
Mi hermano bebe más vino que yo My brother drinks more wine than I

More, less, fewer than, before a numeral is *de*:
Tiene más de diez maletas He has more than ten suitcases
Tengo menos de mil pesetas I have less than a thousand pesetas
but after a negative *que* is used.

(ii) Note: *tan...como* so (as)...as:
Ella no es tan elegante como mi hermana
She is not so smart as my sister
tanto (*-a, -os, -as*) *... como* so (as) much, many ... as:
Mi tío no tiene tantos libros como yo
My uncle has not as many books as I (have)

(iii) Too ... to is *demasiado* (*muy*) *... para*:
Es demasiado viejo para trabajar He is too old to work

(7b) **Personal Pronouns (direct and indirect object)**

me me, to me   *te* you, to you
le him, you (formal, masculine) } *le* to him, to her, to it, to you
la her, you (formal, feminine)
lo it (masculine)   *la* it (feminine)
nos us, to us   *os* you, to you
los them, you (*pl.*)   *las* them, you (*pl. f.*)
les to them, to you

(i) *te* and *os* are used only in familiar speech.

(ii) Personal object pronouns usually go before the verb:
Nos ve He sees us
Nos da el billete He gives us the ticket

(iii) However, when the verb is an Infinitive or Gerund, the pronoun is usually added to the end of the verb:
Van a verme They are going to see me
Está comprándolo He is buying it
When an object pronoun is added to the Gerund, the accent must be used to show where the correct stress falls.
The object pronoun may also go first, e.g. *Me van a ver* or *Lo está comprando*.

(7c) **Present tense of irregular verbs**

The following are irregular only in the first person singular.
Ver, to see. Veo, ves, ve, vemos, veis, ven
Saber, to know. Sé, sabes, sabe, sabemos, sabéis, saben
Hacer, to do, make. Hago, haces, hace, hacemos, hacéis, hacen

Caer, to fall. Caigo, caes, cae, caemos, caéis, caen
Traer, to bring. Traigo, traes, trae, traemos, traéis, traen

EXERCISES

1. Form as many sentences as possible, using words from each column. Think carefully about the meaning of every word. Make adjectives agree as necessary. In this exercise don't confuse *más*, (more) with *demasiado*, (too).

A	B	C
Es	más inteligente	para venir
Tiene	demasiado joven (young)	que el propietario
	más dinero	para correr (to run)
	demasiado viejo	que Juan
	más grande	para trabajar
	demasiado perezoso (lazy)	que mi hermano
		para empezar
		que María

2. Write the first and third person singular and plural of the Present Tense of:
caer   haber   ver   hacer   ser   saber   tener   traer   estar

3. Turn into Spanish:
(*a*) He sees us, he sees them, he sees her, he sees you (familiar, singular), he sees you (formal, singular), he sees him.
(*b*) He speaks to me, he speaks to them, he speaks to you (familiar, singular), he speaks to you (formal, singular), he speaks to him.
(*c*) Note the pattern: *Va a verme* or *Me va a ver.* Practise both forms.
He is going to see us, he is going to see them, he is going to see you (familiar, singular), he is going to see you (formal, singular), he is going to see him, he is going to see her.
(*d*) Note the pattern: *Lo está comprando* or *Está comprándolo.* Practise with both forms. *Ayudar* = to help.
He is buying it, he is buying them, he is helping us, he is helping them, he is helping you (familiar, singular), he is helping him, he is helping me.

4. Turn into Spanish:
(*a*) Note the pattern: *No es tan grande como mi hermano.*
He is not so intelligent as his brother, he is not so big as his friend, she is not so poor as Pedro, she is not so talkative as her sister.
(*b*) Don't confuse *este*, *ese*, masculine, with *esto*, *eso*, neuter (referring to no particular noun).
This shop is bigger than that one (nearby), this hotel is better than that one (nearby), that (nearby) wine is worse than this one, that (remote) café is worse than this one, this house is older than that one (remote), this orange is better than that one (nearby).

(c) Note: *Tiene más* **de** *dos casas*, but **No** *tiene más* **que** *dos casas*.

Señor Sánchez has more than ten pesetas, I have more than twenty pesetas, María has more than a hundred pesetas, we have more than five books.

Now repeat the exercise using the negative form: *El Señor Sánchez* **no** *tiene* . . .

(d) Note: *Es* (*está*) *demasiado* (*muy*) . . . *para* . . . He is too . . . to . . .

He is too old to work, he is too young to help, she is (*está*) too tired to begin, she is (*está*) too tired to come, they are too tired to do it.

(e) Note: *Tiene* **tantas** *peras* **como** *yo*. He has as many pears as I.

Juan has as many pesetas as Pedro, I have as many books as Pedro, Juan has as much money as I, Juan has as much fruit as Teresa, María has as much meat as you (formal).

5. Vocabulary test. Form ten sentences using words from each column:

A	B	C
La barca	tiene que pagar	cae fuera
Todo el contenido	enseñan sus pasaportes	en la puerta
El propietario acusa	busca en el interior	está en la playa
La madre limpia	de Carlos	de robar la tela
Los pasajeros	está esperando impaciente	de la ciudad
Su finca	hace un gesto	de los niños
El estudiante	las manos y las caras	los derechos de aduana
El carabinero	de la maleta	de horror
El hombre viejo y gordo	al hombre	al aduanero
El perro	está a catorce kilómetros	bajo la ropa

6. Free composition.

Expand the following outline into about 120 words (3 paragraphs of about 40 words). Make your sentences short and clear.

Llegamos a la frontera española

1. Estoy viajando a España—principios de agosto—el tren—muchos viajeros—llegamos—el andén—la aduana.
2. El carabinero me habla—dos regalos—tengo que abrir mi maleta—botella de perfume—la he olvidado—situación delicada.
3. Jefe de aduana—habla severamente—derechos de aduana—el tren silba—vamos rápidamente—el tren sale.

Chapter 8
EL COCHE DE JUAN

Cuando llegamos a la estación, nos encuentra nuestro amigo Juan. Vamos a pasar quince días a casa de su padre, que está en el campo a unos ocho kilómetros del mar.

Juan nos saluda alegremente.

— ¿Cómo están Vds.?

—Muy bien, gracias. ¿Y Vd.?

— ¿Han tenido buen viaje? Son las tres y cuarto. El tren trae media hora de retraso. Pero no importa. Mi coche está muy cerca de la estación.

Pone nuestras maletas en uno de los asientos de atrás, entramos en el coche y nos ponemos en marcha. El coche de Juan es muy viejo y hace mucho ruido cuando está en marcha. Mientras conduce, Juan nos habla de lo excelente que es su coche.

A corta distancia de la estación se para delante de un garaje.

— ¿Quieren Vds. disculparme un momento? No tengo bastante gasolina.

Cuando el empleado del garaje se acerca, Juan le pide:
—Póngame veinte litros, por favor. Y ¿quiere Vd. ver si hay bastante aceite?

El empleado pone la gasolina en el depósito, mira la batería, pone un poco de agua en el radiador y, cuando ha limpiado el parabrisas, nos ponemos en marcha otra vez. Hay mucha circulación en las calles, coches alemanes, franceses, ingleses, españoles y aun norteamericanos.

Juan conduce por las calles estrechas, toca la bocina y, de vez en cuando, frena en seco, lo que nos asusta mucho.

—En este pueblo hay muchos conductores malos— nos dice. Son las cuatro y media cuando nos paramos delante de su casa. Cuando llegamos, los padres de Juan salen de la casa y nos saludan alegremente. Subimos a nuestras habitaciones donde nos duchamos, lo que es delicioso, y después de cenar a las nueve y media, nos acostamos muy cansados tras nuestro largo viaje.

VOCABULARY

el aceite oil
acercarse to approach
acostarse (ue) to go to bed
el agua (*f*. Rule 8e) water
asustar to frighten
atrás back, behind; **asiento de atrás** back seat
la batería battery
la bocina horn
a casa de at the house of
cenar to have supper
la circulación traffic
conducir to drive (car), lead
el conductor driver
corto short
delante de in front of
delicioso delightful
el depósito tank (car)
disculpar to excuse
ducharse to take a shower
el empleado employee, assistant
encontrar (ue) to meet, find
estrecho narrow
el favor favour; **por favor** please
frenar to brake; **frenar en seco** to brake hard
el garaje garage

la gasolina petrol
la habitación room
importar to matter; **no importa** it doesn't matter
largo long
el litro litre
malo bad
la marcha departure, march; **está en marcha** it is in movement
norteamericano American (U.S.A.)
el parabrisas wind-screen
parar (se) to stop
pasar to spend, pass, happen
pedir (i) to ask for
ponerse en marcha to start, set off (car)
ponga (imperative of **poner**) put!
el pueblo town, village, nation
quince días a fortnight
el radiador radiator
el retraso delay
el ruido noise
saludar to greet, salute
tocar to touch, sound (horn), ring (bell), play (instrument)
traer to bring; **trae media hora de retraso** it is half an hour late

tras after
la vez time (occasion); **de vez en
cuando** from time to time

Answer in Spanish the following questions:

1. ¿Dónde está la casa de la familia de Juan?
2. ¿A qué hora ha llegado el tren?
3. ¿Cómo sabemos que el tren no ha llegado a tiempo?
4. ¿Dónde pone Juan las maletas?
5. ¿Por qué se para Juan delante del garaje?
6. ¿Cuánta gasolina quiere Juan?
7. ¿Qué hace el empleado del garaje?
8. ¿Cómo conduce Juan?
9. ¿Cómo nos saludan los padres de Juan?
10. ¿A qué hora cenamos?

CONVERSATION PRACTICE: JUAN ENCUENTRA A MARÍA EN LA ESTACIÓN

JUAN; MARÍA

JUAN: Buenos días, María. ¿Qué tal?
MARÍA: Muy bien, gracias.
JUAN: ¿Has tenido buen viaje?
MARÍA: Sí, gracias, pero estoy algo cansada ya.
JUAN: No importa. Mi coche está muy cerca de la estación y la casa de mis padres no está lejos.
MARÍA: ¿Dónde está tu casa?
JUAN: En el campo, a unos cinco kilómetros de aquí. En mi coche vamos a llegar dentro de muy poco.
MARÍA: Así lo espero.
JUAN: ¿Estas maletas son tuyas?
MARÍA: Sí.
JUAN: Pues, vamos a ponerlas en el asiento de atrás. ¿Quieres sentarte aquí?
(El coche se pone en marcha)
MARÍA: ¿Cómo están tus padres?
JUAN: Muy bien, gracias, pero mi hermano Carlos ha estado enfermo.
MARÍA: Lo siento mucho.
JUAN: Ahora está mejor.

María: Hay mucha circulación.

Juan: Sí. En el mes de agosto hay muchos turistas. Esto hace la circulación muy difícil, porque las calles son muy estrechas.

¿Qué tal? How are you? (*familiar*)
dentro de muy poco in a very short while
así lo espero I hope so
pues well
lo siento mucho I am very sorry

GRAMMAR

(8a) Radical-changing verbs, third conjugation

Certain verbs of the third conjugation change their root vowel when the stress falls on that root vowel.

Present tense

e changes to *ie*	*o* changes to *ue*
sentir (ie) to feel	*dormir (ue)* to sleep
siento	*duermo*
sientes	*duermes*
siente	*duerme*
sentimos	*dormimos*
sentís	*dormís*
sienten	*duermen*

In a few verbs stressed *e* changes to *i*.

pedir (i) to ask for	*repetir (i)* to repeat	*seguir (i)* to follow
pido	*repito*	*sigo*
pides	*repites*	*sigues*
pide	*repite*	*sigue*
pedimos	*repetimos*	*seguimos*
pedís	*repetís*	*seguís*
piden	*repiten*	*siguen*

(i) The first and second persons plural do not change because the stress does not fall on the root vowel.

(ii) These verbs are indicated in the vocabulary thus:

sentir (ie)   dormir (ue)   pedir (i)   repetir (i)   seguir (i)

(8b) Personal pronouns used with prepositions

These are the same in form as the subject pronouns except for:

mí me   *ti* you (familiar)
sí himself, herself, itself (reflexive)

62

Mi and *sí* have accents to distinguish them from *mi*, my and *si*, if:

sin mi without me	*con él* with him	*para Vd.* for you
de ellos from them	*con Vds.* with you	
sin ella without her		

Mismo (same, self, very) is sometimes added for emphasis:
ella misma she herself

Note also:

hoy mismo this very day   *el mismo día* the same day

There are special forms for "with me", *conmigo*, "with you" (familiar), *contigo*. Note the lines from the romantic poem:

— *¿Qué es sin ti el mundo? Un valle de amargura.*
¿Y contigo? Un edén.
"What is the world without you? A vale of bitterness.
And with you? A (garden of) Eden."

With him, her, it, you, used reflexively is *consigo*. If not reflexive, with him, with her, with them, etc., is translated *con él, con ella, con ellos,* etc.

(8c) Time of the day

¿Qué hora es? What time is it?
Es la una It is one o'clock
Son las dos It is two o'clock
Son las tres de la tarde It is three o'clock in the afternoon
Son las once de la mañana It is eleven o'clock in the morning
Son las cuatro y media It is half past four
Son las cinco menos diez It is ten to five
Son las seis y cuarto It is quarter past six
Son las siete y veinte It is twenty past seven

In these expressions the article *la, las* agrees with *hora(s)* which is understood.

A mediodía at midday   *a medianoche* at midnight

(8d) Present tense of irregular verbs

Salir, to go out
Salgo, sales, sale, salimos, salís, salen

Poner, to put
Pongo, pones, pone, ponemos, ponéis, ponen

Venir, to come
Vengo, vienes, viene, venimos, venís, vienen

Decir, to say
Digo, dices, dice, decimos, decís, dicen

(8e) *El* is used instead of *la* with a feminine noun beginning with **stressed** a or ha.
El agua (stressed on the first syllable), but *la aldea* (stressed on the second syllable).

(8f) **Reflexive verbs**

In a reflexive verb the object is the same as the subject. The object pronouns in reflexive verbs are the same as the pronouns in (7b) except that *se* is used for the third person, including *Vd(s)*.

Present tense of *lavarse,* to wash oneself

Me lavo   I wash myself
te lavas
se lava
nos lavamos
os laváis
se lavan

(i) Reflexive pronouns keep the same order as ordinary object pronouns. They can therefore be added after the Infinitive and Gerund.

Vamos a lavarnos We are going to wash (ourselves)
Levantándonos Getting up (raising ourselves)

Note how the accent is added to keep the stress in the right position.

(ii) Some verbs alter their meaning slightly when used reflexively. A few of these are:

ir to go   *irse* to go away   *hacer* to do, make
hacerse to become   *poner* to put   *ponerse* to become
dormir to sleep   *dormirse* to fall asleep
llamar to call   *llamarse* to be called

(iii) The reflexive often translates English "get".

casarse to get married   *levantarse* to get up
vestirse(i) to get dressed   *enfadarse, enojarse* to get angry

The proverb shows the various uses of the reflexive:

Cuando te casas o te curas o te matas

When you get married either you cure yourself (get cured) or you kill yourself
("You marry for better or for worse")

(iv) Some verbs are reflexive in Spanish but not in English.

quejarse to complain   *acostarse (ue)* to go to bed
acordarse (ue) (de) to remember   *sentarse (ie)* to sit down

Some verbs may be used reflexively or not, as one wishes: e.g. *decidir (se)* to decide, *parar (se)* to stop, *quedar (se)* to remain, *desayunar (se)* to have breakfast.

EXERCISES

1. Form as many sentences as possible from words in each group. Make adjectives agree as necessary.

A	B	C
Juan	lo ha hecho (done)	con ella
	ha ido (gone)	sin mí
		con ellos
		sin Vd.
		contigo
		sin ella
		con nosotros
		sin ellos

Para = intended for

A	B	C
Este regalo	es	para ti
Estas cartas	son	para él
		para nosotros
		para ella
		para Vd.
		para mí

Be careful when joining *de* to *el*. Think carefully of the meaning of the words.

A	B	C
Los hermanos	se levantan	pálido
El padre	se pone (becomes)	el coche
El cine (cinema)	se cierra	a medianoche
	se acuestan (go to bed)	a las seis de la mañana
	se acuerda de	mañana
	sale	la calle
	se queja de	a las diez y media
		la madre
		a las nueve
		moreno (sunburnt)
		a mediodía
		la casa
		a las cinco y cuarto
		el vino
		la comida
		a las cuatro de la tarde
		enfermo
		el ruido

Form five sentences, re-arranging the following in logical order.

A	B	C
El tren	se casan	en el sillón
Mi amigo	se para	en el dormitorio
Juan y María	se sienta	en la iglesia
El coche	se acuesta	delante del garaje
Tío Carlos	se para	en la estación

2. Give the first and third persons singular and plural of the Present tense of:
poner seguir dormir venir pedir decir sentir salir repetir

3. Replace the words in brackets with the correct Spanish pronoun:
1. No salen sin (me); salen sin (you, familiar)
2. Mi amigo viene (with me)
3. Este libro es para (him); no es para (us)
4. María no va al mercado con (her)
5. Acaba de recibir un regalo de (them)
6. Han comprado un paquete de cigarrillos para (you, formal)
7. Están hablando con (him)
8. ¿Quién va con (you, familiar) a ver a mi madre?
9. María no viene con (us) esta tarde
10. Conchita no va al teatro (with me); va con (him)

Do not confuse: 1. *sentarse (ie)* to sit down with *sentir (ie)* to feel
2. *levantarse* to get up (raise oneself) with *lavarse* to wash.

4. Write out in full in the Present tense:
levantarse vestirse (i) acostarse (ue) sentarse (ie)

5. Close the book and write down in Spanish: (*a*) Six parts of a car (*b*) Three things you must put in a car to make it work.

6. Don't confuse *cuarto* 1/4 with *cuatro* 4.

Turn into Spanish:
1. What time is it? 2. It is 3.15. 3. He comes at one o'clock. 4. I go to bed at midnight. 5. I go out at midday. 6. They shut at 6 o'clock. 7. The train arrives at 5.20. 8. I get up at 7.30. 9. They get up at 8.15. 10. He complains of the noise. 11. They sleep in (por) the afternoon. 12. He returns home.

7. *Como paso el día*
Use the following vocabulary to give a brief description of how you spend the day. Mention the times of the various events. Give the description in the first person singular. Note carefully which verbs are reflexive and which are not. Don't confuse *nueve*, 9, with *nuevo*, new. Use, as necessary, *y, luego, entonces, después* (+ *de* with noun or Infinitive).
Despertarse (ie), to wake up— *¿a qué hora?*—*levantarse*, to get up—*lavarse*, to wash— *vestirse (i)*, to get dressed—*bajar la escalera*, to go downstairs—*desayunarse*, to have breakfast— *¿Qué come Vd.?*— *¿Tostada* (f. toast), *mantequilla* (f. butter), *mermelada* (f. marmalade), *tocino* (m, bacon), *huevos* (m, eggs)?—*¿Qué bebe Vd.?*— *¿Té o café?* (*¿Con azúcar y leche?*)—*ir a las clases*—*el recreo*, break—*comer a la una*—*por la tarde*—*jugar (ue) al fútbol, al hockey, al cricket, al rugby, al tenis* etc:—*volver (ue) a casa*— *hacer los deberes* (homework)—*cenar*, to have supper—*mirar la televisión*—*escuchar discos* (records)—*hablar con la familia*—*bañarse*, to have a bath—*ducharse*, to have a shower—*acostarse (ue)*, to go to bed—*dormirse (ue)*, to fall asleep.

8. Free Composition.

Expand the following outline into about 120 words (3 paragraphs of about 40 words). Make your sentences short and clear.

Un paseo en coche

1. Juan llega a nuestra casa—entramos en su coche—dar un paseo en coche—calle estrecha—mucho ruido—la gente nos mira.
2. Mucha circulación—Juan toca la bocina—un niño atraviesa la calle—Juan frena en seco—madre furiosa—un policía.
3. Llegamos a la playa—brilla el sol—vista encantadora—vamos a un garaje—gasolina—volvemos a casa.

Dar un paseo en coche to go for a drive.
La gente (people) takes a singular verb.

Chapter 9
EL ABOGADO FAMOSO

EL señor Contreras es un abogado famoso—uno de los mejores del país. Es un hombre alegre y simpático y siempre le gusta contar uno de los episodios de su juventud cuando ocasionó un gran escándalo. Esto fue lo que ocurrió.

Un día el joven Miguel, chico de unos catorce años, entró en una joyería para comprar un reloj. El joyero le mostró unos relojes pero no le gustaron. Entonces preguntó al joyero si tenía unos relojes más caros y de mejor calidad. El joyero vaciló un momento, miró desconfiado al chico, entonces sacó un cajón de relojes de oro magníficos. Miguel cogió uno de ellos.

— ¿Cuánto cuesta? — le[1] preguntó al joyero.

—Tres mil quinientas pesetas.

—No me gusta mucho. ¿Tiene Vd. otro mejor?

[1] Do not translate.

—Creo que no —contestó el joyero —pero voy a ver.

En aquel momento Miguel cogió el reloj de oro y, sin ser visto por el joyero, lo escondió en su bolsillo. Entonces salió de la joyería.

Unos momentos después el joyero descubrió que le faltaba un reloj de oro. Salió a la calle y llamó al chico, pero éste no se volvió. Al contrario, cuando Miguel le oyó gritar, empezó a correr. Corrió a través de la calle por donde había mucha circulación. Los coches frenaron en seco y tocaron sus bocinas, haciendo mucho ruido. Los conductores le gritaron furiosos.

Miguel no se paró. Corrió rápidamente pero el joyero corrió aun más de prisa. Entonces Miguel decidió esconderse en una casa próxima. A la derecha había una gran puerta abierta de par en par y entró corriendo en la casa. Pero ¡esta casa era la Comisaría de Policía! Le encontró un policía.

— ¿Qué tienes, chico?

Miguel no necesitó explicar. En aquel momento entró el joyero y, media hora después, Miguel se halló en la cárcel.

—Me asustó tanto aquel episodio —dice Miguel —que desde entonces he vivido como un hombre honrado y, unos años después, decidí hacerme abogado.

VOCABULARY

el abogado lawyer
el año year
el bolsillo pocket, purse
el cajón drawer, large box
la calidad quality
la cárcel prison
el chico boy
coger to seize, take
La Comisaría de Policía Police Station
contar (**ue**) to tell (story)
al contrario on the contrary
correr to run
creer to believe, think
creo que no I don't think so
descubrir to discover
desde from, since
era was
el escándalo scandal
esconder to hide
éste the latter
faltar to lack, be missing
famoso famous

gustar to be pleasing; **no me gusta** I don't like it("it is not pleasing to me")
había there was, there were
hacerse to become
hallar to find; **hallarse** to find oneself, to be
honrado honest, honourable
joven young
la joyería jewellery, jeweller's shop
el joyero jeweller
la juventud youth
magnífico magnificent
necesitar to need
ocasionar to cause
ocurrir to occur
oir to hear; **oyó** he heard
el oro gold
el país country
par: abierto de par en par wide open
de prisa quickly
la prisa hurry

próximo near (by)	**vacilar** to hesitate
¿Qué tienes? What's the matter?	**volver (ue)** to return; **volverse** to
sin ser visto without being seen	turn round
a través de across	

Answer in Spanish the following questions:

1. ¿Cuál es la profesión del señor Contreras?
2. ¿Qué le gusta contar?
3. ¿Por qué entró en la joyería?
4. ¿Cuánto costaba el reloj de oro?
5. ¿Por qué salió el joyero?
6. ¿Qué pasó cuando gritó el joyero a Miguel?
7. ¿Por qué frenaron en seco los coches?
8. Cuando corrió más rápidamente el joyero, ¿qué decidió hacer Miguel?
9. ¿Dónde se escondió Miguel?
10. ¿Dónde se halló Miguel media hora después?

CONVERSATION PRACTICE: COMPRANDO UN REGALO

ENRIQUE; EL JOYERO

ENRIQUE: Buenos días.

JOYERO: Buenos días, señor. ¿Qué quiere Vd.?

ENRIQUE: Vuelvo a Madrid el sábado que viene y quiero comprar un regalo para mi madre.

JOYERO: Sí, señor, tenemos regalos de todas clases.

ENRIQUE: ¿Qué puede Vd. ofrecerme?

JOYERO: ¿Le gusta a Vd. esta joya?

ENRIQUE: No, gracias. Es demasiado cara.

JOYERO: Aquí están unos relojes. Son magníficos y muy baratos.

ENRIQUE: ¿Cuánto cuesta éste?

JOYERO: Diez mil pesetas.

ENRIQUE: Lo siento mucho, pero necesito un regalo más barato.

JOYERO: Entonces aquí tenemos unos vasos muy elegantes.

ENRIQUE: Ah, sí. Son preciosos.

JOYERO: Y resultan mucho más baratos. Por ejemplo, si quiere Vd. comprar una docena de estos vasos, el precio es—a ver—trescientas pesetas la docena.

ENRIQUE: No son caros. Voy a comprar una docena.
JOYERO: Son un regalo excelente.
ENRIQUE: Haga el favor de envolverlos con mucho cuidado.
JOYERO: Con mucho gusto, señor.
ENRIQUE: Muchas gracias.
JOYERO: De nada, señor.

el sábado que viene   next Saturday
¿le gusta a Vd?   Do you like? (Is it pleasing to you?)
la joya   jewel
precioso   excellent, precious
una docena   a dozen
a ver   let's see
envolver (ue)   to wrap up
el cuidado   care

GRAMMAR

(9a) **Numbers**

20	*veinte*	30	*treinta*
21	*veintiuno*	31	*treinta y uno*
22	*veintidós*	32	*treinta y dos*, etc.
23	*veintitrés*	40	*cuarenta*
24	*veinticuatro*	50	*cincuenta*
25	*veinticinco*	60	*sesenta*
26	*veintiséis*	70	*setenta*
27	*veintisiete*	80	*ochenta*
28	*veintiocho*	90	*noventa*
29	*veintinueve*	100	*cien, ciento*

100 is written *cien* when followed by a noun:
cien pasajeros   a hundred passengers
Otherwise, when followed by a number, it goes:

101	*ciento uno*	700	*setecientos, -as*
102	*ciento dos*	800	*ochocientos, -as*
103	*ciento tres*, etc.	900	*novecientos, -as*
200	*doscientos, -as*	1000	*mil*
300	*trescientos, -as*	2000	*dos mil*
400	*cuatrocientos, -as*	100,000	*cien mil*
500	*quinientos, -as*	1,000,000	*un millón*
600	*seiscientos, -as*		

(i) Note that *y* comes between the tens and units: 273 is *doscientos setenta y tres*.

(ii) The indefinite article is omitted in *cien* and *mil*.
   Cien veces   a hundred times   *mil años*   a thousand years

(iii) The irregular forms 500, 700, 900 should be noted. Note also the form *veintiún libros*, 21 books.

(iv) Numbers are invariable, except those from 200 to 900 and those ending in *uno*:

doscientas casas 200 houses   *treinta y una cartas* 31 letters

(v) *Ciento* and *mil* can be used as nouns. In a collective sense, *cientos* may be replaced by *centenares* and *miles* by *millares*:

Centenares (*cientos*) *de coches* Hundreds of cars
Millares (*miles*) *de soldados* Thousands of soldiers
Note also: *un millón de habitantes* a million inhabitants

(9b) Present tense of irregular verbs

dar, to give	*ir*, to go	*querer*, to like, wish, want	*poder*, to be able
doy	*voy*	*quiero*	*puedo*
das	*vas*	*quieres*	*puedes*
da	*va*	*quiere*	*puede*
damos	*vamos*	*queremos*	*podemos*
dais	*vais*	*queréis*	*podéis*
dan	*van*	*quieren*	*pueden*

(9c) The verbs "to like"

Gustar and *querer* both mean "to like". *Querer* is used for people, *gustar* for things:

Queremos mucho a Conchita We like Conchita very much

Gustar, used with the meaning of "to be pleasing", is followed by the dative ("to"). The subject of *gustar* follows the verb. Thus, I like the wine becomes to me is pleasing the wine: *me gusta el vino.*

Nos gustan las uvas We like the grapes
    ("To us are pleasing the grapes")

Le gusta vernos He likes to see us
    ("To him it is pleasing to see us")

Spaniards make free and repetitive use of object pronouns when using *gustar*:

A mí me gusta el vino I like the wine (emphatic)
    ("To me is pleasing the wine")

Le gusta a mi hermano su coche My brother likes your car
    ("To him is pleasing to my brother your car")
A mí and *le* are not translated into English.

(9d) Past Historic of regular verbs

hablar, to speak	*comer*, to eat	*vivir*, to live
hablé	*comí*	*viví*
hablaste	*comiste*	*viviste*
habló	*comió*	*vivió*
hablamos	*comimos*	*vivimos*
hablasteis	*comisteis*	*vivisteis*
hablaron	*comieron*	*vivieron*

The Past Historic tense (also known as the Preterite) is used for a single completed action in past time. It usually continues the narrative of a story. We should, for example, use the Past Historic for the following verbs, each of which carries the story forward and is a single, complete action in past time. "He ran to the window and looked out. He saw the man in the garden and shouted. The man stopped and looked up."

The Past Historic is also used in conversation and letters.

> — *Visité a su padre* — *contestó Juan*
> "I visited your father," replied Juan.

(9e) *Faltar*; to lack, be missing

This verb is used with an impersonal construction:

> *Me falta dinero*   I am short of money   ("To me is lacking money")

EXERCISES

1. Practice with *gustar* and *faltar*.

Form as many sentences as possible using words from each group. Be careful not to mix plural verbs with singular subjects. In these cases *le* and *les* are not translated into English.

A	B
Nos gusta	las uvas
Le gusta a María	aquel libro
Me gustan	viajar en coche
Les gustan a mis padres	el vino
	la comida
	la casa de Tío Carlos
	vernos
	el trabajo
	las legumbres
	el té (tea)
	esta aldea
	los melones
	el coche de Juan
	hacerlo
	visitar al médico
	la cerveza
	las manzanas
	beber café
	el hotel
	las patatas

A	B	C	C (continued)
Le gusta a Juan	ir al café	conmigo	con ellos
Nos gusta		con él	con Vd.
		con nosotros	contigo
		con ella	

73

A	B
Me faltan	cien pesetas
("to me are lacking")	pan
Nos falta	agua
("to us is lacking")	libros
	un coche
	dinero
	quinientas pesetas
	vasos
	trece litros
	una amiga simpática
	gasolina
	quince hombres

Practice with the Past Historic (Preterite) to show a single complete action in past time. Think carefully about the meaning of the words.

A	B	C
Ayer por la mañana	visitaron	en el hotel
(yesterday morning)	hablé	a la señora Sánchez
Ayer a las once	entró	venir con nosotros
(yesterday at 11 o'clock)	decidió	en el comercio
		a su madre
		en la estación
		ir a ver a María
		a Anita

A	B
Decidí hacerme	marinero
Juan decidió hacerse	abogado
	actor
	médico
	profesor
	arquitecto

2. Write out in full the following numbers:

101 230 765 2000 516 34 22 935 63 74 42 88 51 36 98

3. Give the first and third persons singular and plural of the Present tense of:

pedir poner dar querer decir ir poder dormir seguir venir

4. Give the first and third persons singular and plural of the Past Historic (Preterite) tense of:

atravesar hablar salir correr vivir entrar decidir comer gritar comprar

5. Remember the pattern: *me gusta el café*: I like the café (to me is pleasing the café).

Turn into Spanish:

(a) He likes the wine, I like the hotel, we like the food, I like the beach, he likes the presents.

(*b*) Five hundred pesetas, eighty houses, seventeen books, hundreds of children, how much is it? One hundred pesetas.

(*c*) I decided to become an actor, he decided to become a doctor, I am short of petrol, we are short of bread.

(*d*) Use the Past Historic (Preterite), in the following: He did not turn round, they met my mother, he ate many grapes, the car stopped, he spoke to my friend.

6. Remember that, with radical-changing verbs, the root vowel changes only when it is stressed. Give the Spanish for:

Present tense	**Past Historic** (Preterite)
He shuts	He shut
He thinks	He thought
He returns	He returned
He loses	He lost
He begins (*empezar*)	He began
It costs (*costar*)	It cost
He meets (*encontrar*)	He met

7. Vocabulary test. Form ten sentences using words from each column:

A	B	C
El joyero descubrió	lo excelente que era	que no tiene nada que
Siempre me gusta contar	al aduanero	declarar
El viajero observó la costumbre	un regalo	de mi juventud
El hombre dice	el chico se halló	a sus compañeros de viaje
Media hora después	frena en seco,	para mi madre
Nos habló de	decidió esconderse	lo que me asusta mucho
Quiero comprar	nuestras maletas	en una casa próxima
El chico	que le faltaba	en el asiento de atrás
De vez en cuando	uno de los episodios	un reloj de oro
Juan pone	de ofrecer la comida	en la cárcel
		su coche

8. Free composition
Expand the following outline into about 120 words (3 paragraphs of about 40 words). Make your sentences short and clear. Use the Past Historic tense.

Cogiendo a un ladrón
1. Un hombre entra en la joyería—toma un reloj de oro—lo esconde en su bolsillo—sale a la calle.
2. El joyero grita al ladrón—mucha gente—el ladrón corre a través de la calle—mucha circulación.
3. El ladrón corre más de prisa—pasa por delante de la Comisaría de Policía—muchos policías salen—la cárcel.

Chapter 10
UN EPISODIO DESAFORTUNADO

ENRIQUE era un hombre respetable pero un día ocasionó un gran escándalo. Vivía en un piso encima de una carnicería. Un día estaba a punto de bañarse cuando alguien llamó a la puerta. Enrique se asomó a la ventana. Era el cartero.

—Tengo un paquete para Vd.

— ¿Quiere Vd. dejarlo cerca de la puerta?

—Es un paquete certificado. Tendrá Vd. que firmar el recibo.

—No llevo más que una bata y los grifos están abiertos.

Sin embargo Enrique tuvo que bajar. En la puerta firmó el recibo y estaba a punto de entrar otra vez cuando el viento cerró la puerta. Enrique no podía entrar en el piso porque vivía solo, pero, lo que era peor era que el mismo violento viento le voló la bata que fue a parar a la rama de un árbol fuera de su alcance. El pobre Enrique se quedó un momento lleno de horror, porque no llevaba más que una toalla. Una mujer que pasaba lanzó un grito. Enrique corrió hacia una casa donde halló otra toalla y, unos momentos después, salió a la calle donde la mujer, ahora histérica, le explicaba todo a un policía.

Media hora después se halló Enrique en la Comisaría de Policía tratando de explicar su delicada situación. Los policías se rieron mucho y, poco después, llevaron al pobre Enrique en coche a su casa. Cuando llegaron allí ¡qué sorpresa! Se había formado una gran muchedumbre y unos bomberos apoyaban una escalera en la ventana del piso de Enrique.

¡Entonces se acordó Enrique de que, cuando había bajado a la calle, había dejado abiertos los grifos del baño! ¡Y ahora el agua caía por la escalera hasta la carnicería! El carnicero estaba furioso.

Por fin entró en el piso un bombero y cerró los grifos. El agua cesó de fluir, se calmó el carnicero, desaparecieron los bomberos, los policías y la muchedumbre y se quedó solo el pobre Enrique mirando el desastre.

Entonces se acordó del paquete certificado, bajó la escalera y abrió la puerta.

¡El paquete había desaparecido!

VOCABULARY

abierto   open, on (tap)
acordarse (ue) de   to remember;
el alcance   reach; **fuera de su alcance**   out of his reach
apoyar   to lean, support
el árbol   tree
asomarse   to look out
bañarse   to have a bath, to bathe
la bata   dressing gown
el bombero   fireman
calmarse   to calm down
la carnicería   butcher's shop
el cartero   postman
cerrar (ie)   to shut, turn off (taps)
certificado   registered
cesar (de)   to cease
dejar   to leave, let, allow
delicado   delicate
el desastre   disaster
encima de   on top of, above
la escalera   ladder, stairs
firmar   to sign
fluir   to flow
fue   (it) went
el grifo   tap

histérico   hysterical
lanzar   to throw; **lanzar un grito**   to scream
llevar   to carry, wear
mismo   same, self, very
otra vez   again
el paquete   parcel
parar   to stop, land on
peor   worse
el piso   flat, floor
punto   point; **estar a punto de**   to be on the point of
quedar (se)   to remain
la rama   branch
el recibo   receipt
reirse (i)   to laugh
respetable   respectable
sin embargo   nevertheless
solo (adj.)   alone
la toalla   towel
tratar (de)   to try (to)
tuvo que   he had to
la ventana   window
volar   to fly, blow upwards

Answer in Spanish the following questions:
1. ¿Dónde vivía Enrique?
2. ¿Qué estaba a punto de hacer?
3. ¿Quién llamó a la puerta?
4. ¿Qué llevaba Enrique?
5. ¿Por qué no podía entrar otra vez en el piso?
6. ¿Qué hacía la mujer?
7. ¿Por qué se había formado una gran muchedumbre?
8. ¿Por qué estaba furioso el carnicero?
9. ¿Por qué entró el bombero en el piso?
10. ¿De qué se acordó Enrique por fin?

CONVERSATION PRACTICE: ENRIQUE EN UN APURO

ENRIQUE; EL POLICÍA

ENRIQUE: Buenos días. ¿Puede Vd. ayudarme?
POLICÍA: ¿Qué desea Vd.?
ENRIQUE: Estoy en un apuro. No puedo entrar en mi piso.
POLICÍA: ¿Por qué no?
ENRIQUE: Porque la puerta está cerrada.
POLICÍA: ¿Qué ha ocurrido?
ENRIQUE: Cuando el cartero llamó a la puerta, bajé la escalera y, entonces cuando yo estaba a punto de entrar, el viento cerró la puerta.
POLICÍA: Entonces tenemos que hallar una escalera y entrar por la ventana.
ENRIQUE: Sí. Y tenemos que hacerlo de prisa.
POLICÍA: ¿Por qué?
ENRIQUE: ¡Porque he dejado abiertos los grifos del baño!
POLICÍA: Pues vamos. El carnicero tiene una escalera.
ENRIQUE: Sí. Allí está en el jardín. (*Habla al carnicero*) Señor, ¿puede Vd. prestarnos su escalera? Gracias.
POLICÍA: Ahora, si yo apoyo la escalera en la ventana, Vd. puede subir inmediatamente hasta la ventana.
ENRIQUE: Tengo que subir de prisa porque el agua está cayendo ya por la escalera principal hasta la carnicería.
POLICÍA: Y aquí sale el carnicero para ver lo que ocurre.

    un apuro   serious difficulty
    prestar   to lend
    de prisa   quickly
    la escalera principal   staircase

GRAMMAR

(10a) The Imperfect tense of regular verbs

Hablar, to speak

Hablaba, hablabas, hablaba, hablábamos, hablabais, hablaban

Comer, to eat

Comía, comías, comía, comíamos, comíais, comían

Vivir, to live

Vivía, vivías, vivía, vivíamos, vivíais, vivían

As the first and third persons singular are identical, the subject pronoun is sometimes used to avoid ambiguity:

Yo comía mientras ella hablaba   I ate while she talked

(10b) Use of the Past tenses

It is important to have a clear understanding of the correct use of the past tenses (Imperfect, Past Historic and Perfect). These uses are flexible and a Spanish writer may use either Past Historic or Imperfect, depending on the precise meaning he wishes to convey, but there are certain general principles which can be laid down.

As stated in rule (5b), the use of the Perfect tense is similar to the English.

The Past Historic is frequently used in conversation and in letters. The Imperfect tense is used for action that is repeated or habitual. As a tense it also suggests an action or state going on for an incompleted period, whereas the Past Historic is used for a single, complete action in past time.

Perfect tense

He visto a su padre   I have seen your father

(but *ayer vi a su padre*   Yesterday I saw your father)

¿Ha visitado Vd. a mi hermano?   Have you visited my brother?

Past Historic (single, complete action)

Ayer habló a mi amigo   Yesterday he spoke to my friend

Comieron el pescado   They ate the fish

Visité a mi hijo   I visited my son

Imperfect These verbs could, however, be used in the Imperfect tense if the action was repeated or habitual:

Hablaba a mi amigo cada día   He spoke to my friend every day

Nos encontraban cada lunes   They met (used to meet) us every Monday

Visitaba a mi hijo cada sábado   I visited my son every Saturday

The Imperfect tense is used to translate *was singing*", "used to", "would" (suggesting a habit):

Ella pasaba por la calle   She was passing along the street

Trabajaba en la ciudad   He used to work (was working) in the city

Siempre pasábamos nuestras vacaciones en el campo

We would always spend (used to spend) our holidays in the country

(10c) The verb *soler* (*ue*) to be accustomed to

The verb *soler* (*ue*) often translates "would":

Cada semana solía visitar a mis padres

Every week I would visit my parents

Soler is also used to translate "generally", "as a rule", "usually".

Suele venir a las seis He usually comes at six o'clock

(10d) The following are the only verbs irregular in the **Imperfect**:

Ir, to go

Iba, ibas, iba, íbamos, ibais, iban

Ser, to be

Era, eras, era, éramos, erais, eran

Ver, to see

Veía, veías, veía, veíamos, veíais, veían

(10e) Gender of nouns

Feminine

Nouns ending in *-z -a -d -umbre -ión* are, with very few exceptions, feminine (But watch for endings *-ma -pa -ta* which are often masculine; *el poema, el mapa, el dentista*)

We have already come across:

-z la voz, la vez
-a la aldea, la barca, la comida, and numerous others. Note the exception *el día*.
-d la ciudad, la formalidad, la cantidad, la virtud, la juventud
-umbre la muchedumbre, la legumbre, la costumbre
-ión la estación, la circulación

Masculine

Nouns ending in *-n -o -i -s -y -r -u -l -e* are usually masculine, but a few common nouns ending in *-e* are feminine. Those we have met so far are:

la calle, la carne, la gente, la clase
Exceptions: *la mano*, hand   *la flor*   flower

When in doubt, remember that nouns ending in:

zad -umbre -ión are feminine
noisy rule are masculine

(10f) Personal Pronouns Revise Rule (7b) page 56

When two personal pronouns come together, the indirect object ("to me, to you, to him" etc.) comes first.

Nos lo da He gives it to us ("to us it he gives")
Me lo ofrecen They offer it to me
Nos la enseña He shows it (*fem.*) to us

Me los explica He explains them to me
Va a dármelo He is going to give it to me [see Rule (7b) note (iii)]

When two *third* person pronouns come together, the first changes to *se*.

Se lo da He gives it to him (to her, to them, to you)
Se los ofrece He offers them to him (to her, to them, to you)

As *se* replacing *le* or *les* can mean to him, to her, to them, to you, *a él, a ella, a ellos, a ellas, a Vd., a Vds.*, may be added for clarity.

Se lo da a él He gives it to him ("to him it he gives to him")
Se los ofrece a ellos He offers them to them
Se lo explican a ella They explain it to her

(10g) **Redundant** *le* **and** *les*

Le or *les* (not translated into English) is often used when a person is the indirect object ("to") of a verb.

Le ha dado un libro a mi padre He has given a book to my father ("to him")
Les han ofrecido uvas a los niños They have offered grapes to the children ("to them")

EXERCISES

1. Give the first and third persons singular and plural of the Imperfect of:
visitar ver encontrar vivir ser estar poner conducir ir mirar

2. Form as many sentences as possible, using words from each group:

A	B	C	D
Enrique	pasábamos	a mi amigo	cada mañana
Siempre	(*used to spend*)	el verano	en España
	veía	a Teresa	en el campo
	visitaba	nuestras vacaciones	todos los días
		(*our holidays*)	en Inglaterra
		a su hermana	en Alemania
			cada día
			en Francia

Le in these cases is not translated into English.

A	B	C
Le da	este libro	a Juan
Le ofrece	el dinero	a nuestro amigo
	esas flores	a mi madre
	el diario	al señor González
	estas uvas	a Teresa
	la tela	

3. (*a*) Change the noun into a pronoun:

Pedro me enseña *la tela*   Pedro me *la* enseña
Pedro shows me *the cloth*   Pedro shows *it* to me

Pedro me enseña la chuleta
Pedro me enseña las chuletas
Pedro me enseña el pan
Pedro me enseña los libros
María nos da la chuleta
María nos da las uvas
María nos da el melón
María nos da los artículos

(b) Change *both* nouns into pronouns.
El comerciante enseña *el libro a Teresa.* El comerciante *se lo* enseña
The shopkeeper shows *the book to Teresa.* The shopkeeper shows *it to her*
El comerciante enseña la tela a su amiga
El comerciante enseña las uvas al señor
El comerciante enseña el melón a la señora
María enseña la carne al carnicero
María enseña los artículos al propietario
María enseña el vino al hombre

(c) Turn into Spanish:
He gives it to me, he gives it to us, he gives it to you (formal, plural),
he shows it to me, he shows it to us, he shows it to you (formal, singular)

(d) Add a *él, a Vd., a ellos* for clarity
He gives it to him, he gives it to them, he gives it to you (formal, plural)
he shows it to him, he shows it to them, he shows it to you (formal, singular)

(e) Don't forget to put in *le* or *les* (not translated into English) *before* the verb.
He gives the dog a bone, he gives Pedro a book, he gives his friend a bottle
of wine, he gives my brothers a glass of beer, he gives my son the money.

4. Put into the Past Historic or Imperfect, as appropriate, the verbs in brackets:
1. Yo la (ver) cada día.
2. Juan los (visitar) anoche a las ocho.
3. El carnicero (comprar) un diario cada mañana.
4. Los hermanos (cerrar) la puerta
5. Ayer (yesterday) Miguel (hablar) a mi tío a las dos.
6. Mi madre (ir) a la iglesia todos los domingos.
7. Enrique (soler) verla cada día.
8. El café (cerrarse) cada noche a las once.
9. El chico (salir) a la calle sin ser visto.
10. —¿Cuánto cuesta?— le (preguntar) mi madre.

5. Turn into Spanish:
1. My father was a lawyer.
2. Miguel lived in a small flat.
3. He ate too much last night.
4. He always ate fish.
5. I have seen your sister.
6. They were working in the garden.
7. He used to come at six o'clock.

8. Yesterday he visited us at nine o'clock.
9. He was drinking wine in the café.
10. They saw us every morning.

6. Write the correct definite article singular (*el* or *la*) in front of the following nouns:

hueso formalidad mano amo aldea voz aceite dirección muchedumbre abuela paquete calle juventud hombre árbol ciudad agua desastre costumbre día cliente calidad carne parabrisas arte vez gente virtud estación apuro legumbre cantidad país circulación clase

7. Vocabulary practice. Form ten sentences using words from each column:

A	B	C
Juan	entró en el piso	tras nuestro largo viaje
Pone nuestras maletas	veinte litros de gasolina	del paquete certificado
Los bomberos	el recibo	de Enrique
Una mujer	estaba abierta	y el coche se paró
Nos acostamos	apoyaban una escalera	de atrás
Por fin un bombero	frenó en seco	lanzó un grito
Vivía	muy cansados	de par en par
El empleado pone	que pasaba por la calle	encima de una carnicería
Tiene que firmar	en uno de los asientos	en la ventana
La puerta	en un piso	en el depósito

8. Free composition.

Expand the following outline into about 120 words. Make your sentences short and clear. Use the past tenses as appropriate.

Enrique recibe un regalo

1. Enrique—alguien llama a la puerta—el cartero—paquete certificado de Madrid donde vive la madre de Enrique.
2. El recibo—Enrique habla con el cartero—sube la escalera—abre el paquete—regalo de su madre—una bata nueva.
3. Carta de su madre—¿es verdad que ocasionó Enrique un gran escándalo?—¿se halló en la Comisaría de Policía poco después?—Enrique tiene que escribir inmediatamente.

REVISION EXERCISES

1. Revise the vocabulary and grammar of Chapters 6, 7 and 8.

(*a*) Turn into Spanish:

1. This dress and that one.   2. This house and John's.
3. He has just arrived.   4. What is John doing?
5. We have forgotten what he is doing.
6. He has less money than María.   7. My sister is older than yours.
8. We have more than six suitcases.
9. They are going to see us.   10. We give it to them.
11. What is this?
12. The most beautiful house in the town.
13. He who works hard is happy.   14. Fifteen litres of petrol, please.
15. It is 11 a.m.   16. The street is full of traffic.
17. My brother is taller than you.   18. They get up at six o'clock.
19. This meat is worse.
20. You marry for better or worse (proverb).
21. Have you your passport?   22. She has become very pale.
23. It is 4.30.
24. From what platform does the express leave?
25. Most of my friends go to that hotel.

(*b*) Study carefully for meaning, then practise reading aloud in Spanish:

1. No hace caso de lo que dice.
2. Bebe demasiado, lo cual enoja a su mujer.
3. ¡Qué cosa más vergonzosa!
4. Su amiga es más bonita que Teresa.
5. El tren trae media hora de retraso.
6. Tiene más botellas que Juan.
7. Se acuestan muy cansados.   8. Nos ve de vez en cuando.
9. Le da el dinero a Juan.   10. ¡Qué hombre más simpático!

(*c*) Give the third person singular and the first and third persons plural of the Present tense of:

sentir perder pedir dormir poner salir ver venir seguir volver saber repetir hacer decir levantarse

Revise Rules (7b) page 56, (8b) pages 62–3, (10f) pages 80–81.

(*d*) Turn into Spanish:

With him, I see him, they ask us, for us, with me, from her, with you (formal plural), we have them, without them, with you (familiar, singular), he gives it to me, he gives it to him, he is eating it, we give it to them.

(*e*) Turn into Spanish:

This book, this man, this car, this boy
These books, these men, these cars, these boys
This house, this girl, this suitcase, this village

These houses, these girls, these suitcases, these villages
That man, that car, that woman, that pear
Those men, those cars, those women, those pears

(*f*) Turn into Spanish:

Señor Pérez is going to buy it
Señora Martínez is going to see us
Señorita Sánchez is going to give it to me
Señor Contreras is going to give it to him
Señora Pérez is buying them
Señorita Martínez is visiting us

2. Revise the vocabulary and grammar of Chapters 9 and 10.

(*a*) Give the Spanish for:

1. How much is it?
2. We have seen the lawyer.
3. We visited your friend yesterday.
4. I like good wine.
5. I got up every morning at seven o'clock.
6. They met my mother.
7. He used to work in that café.
8. I decided to become a doctor.
9. Do you like Conchita?
10. A hundred times.
11. I spoke to him
12. The taps are on.
13. Without being seen by his father.
14. I like to see them.
15. A million inhabitants.
16. He was eating when we arrived.
17. Five hundred houses.
18. He usually arrives at 8.30.
19. A terrible disaster.
20. The car stopped.

(*b*) Study carefully for meaning then practise reading aloud in Spanish:

1. Más vale hacerlo.
2. Solía pasar mis vacaciones allí
3. Ocho mil setecientos cincuenta y nueve pesetas
4. Me gustan las uvas
5. Creo que sí.
6. Me falta dinero.
7. Resulta más barato.
8. Una puerta abierta de par en par.
9. Le miró desconfiado.
10. Haga el favor de abrir la maleta.

(*c*) Give the Spanish for:

23   84   31   72   101   510   44   716   25   920

(*d*) Give the first and third persons singular and plural of the Present tense of:

dar   soler   ir   querer   poder

(*e*) Write out in full the Imperfect tense of:

ver   visitar   ser   vivir   ir

(*f*) Give the first and third persons singular and plural of the Past Historic of: hablar   comer   decidir   levantarse   salir

3. *Free Composition.* Write a free composition of not more than 120 words (3 paragraphs of about 40 words each) on one of the following subjects. Use the outline paragraphs and write the essay in the past tense.

(a) *Un día al lado del mar*

1. Nos levantamos— ¿a qué hora?—salimos en coche—llegamos a la playa—la gente—el sol—nos bañamos.
2. Mediodía—mi hermana no se encuentra bien—muy pálida—dejamos la playa—la farmacia—no se habla inglés—dos aspirinas. ·
3. Decidimos volver al hotel—nos falta gasolina— ¿dónde está el garaje?—padre enojado—madre cansada —hermana enferma—volvemos al hotel—médico.

(b) *Vamos de compras*

1. El mercado—mucha gente—llegamos a los puestos—un vendedor me muestra un reloj—no me gusta—demasiado caro.
2. Un perro come la carne en un puesto—carnicero furioso—el propietario le paga cien pesetas.
3. Compro unas cosas—encuentro a una chica encantadora—hablamos mucho—su madre llega—me mira desconfiada—dice que es la hora de comer.

(c) *La casa de Tía María*

1. Situada cerca del mar—lugar tranquilo y agradable—vista encantadora —vestíbulo grande—muchos dormitorios—solemos pasar allí las vacaciones de verano.
2. El jardín—muchas flores—la huerta—frutas deliciosas—nos sentamos bajo las palmas—la brisa—la playa enfrente de la casa.
3. Tía María no tiene niños—le gusta siempre vernos—casa grande y silenciosa—cuando estamos allí hay mucho ruido—Tía María muy ocupada y alegre—triste cuando partimos.

Chapter 11

EN LA OFICINA DE CORREOS

EMILIA tenía que comprar unos sellos para su madre y, poco después de las once de la mañana, entró en Correos. Había mucha gente y tardó bastante tiempo, especialmente en la Caja de Ahorros donde quería depositar un poco de dinero.

Era la hora de mayor animación. Una mujer gorda discutía con el empleado que decía que su paquete era demasiado grande y que no podía aceptarlo. La gente que hacía cola detrás de la mujer empezó a enfadarse y, unos minutos después, había una viva discusión, estando unos en favor de la mujer y otros del empleado. Entonces la mujer lanzó un grito de terror.

Dos ladrones acababan de entrar en Correos.

Toda la gente tenía que colocarse en fila y, mientras el primer ladrón amenazaba a todos con su pistola, el otro empezó a registrar a cada persona. Se apoderó de la cartera de un hombre, del bolso de una chica y del paquete de la mujer gorda. Después se apoderó de todos los sellos y empezó a registrar la Caja de Ahorros.

En aquel momento Pedro entró en la Oficina de Correos. Acababa de echar al buzón algunas cartas. Le sorprendió mucho ver tan extraordinaria situación. El tenía en la mano una botella de vino y con esta botella golpeó al primer ladrón en la cabeza. En seguida éste cayó al suelo.

Los otros sujetaron al segundo ladrón y, después de un rato, estaba atado de pies y manos. Devolvieron todo lo que había robado el ladrón y agradecieron a Pedro su valerosa acción. Emilia se acercó sonriendo para hablar con Pedro.

—Muchas gracias.

—De nada—contestó Pedro. —Estaba aterrado. Pero aquí está ya la policía para llevar a los ladrones a la cárcel.

VOCABULARY

agradecer to thank (for)
amenazar to threaten
la animación liveliness; **la hora de mayor animación** busiest time
atar to tie
aterrado terrified
el bolso handbag
el buzón letter-box
la Caja de Ahorros Savings Bank
la carta letter
la cartera wallet, briefcase
cayó he fell
la cola queue, tail; **hacer cola** to form a queue
colocar to place; **colocarse en fila** to line up
el Correo, correos post (office)
depositar to deposit
detrás de behind
devolver (ue) to give back
la discusión argument
echar al buzón to put in the letter-box

el empleado clerk, employee
enfadarse to get angry
especialmente especially
éste the latter
golpear to hit
la Oficina (Casa) de Correos Post Office
el pie foot
la pistola pistol
registrar to search
en seguida immediately
el sello stamp
sonreir (i) to smile
sorprender to surprise
el suelo ground
sujetar to overcome
tardar to delay, linger
el tiempo time, weather
valeroso brave
vivo lively

Answer in Spanish the following questions:

1. ¿Por qué estaba Emilia en la Oficina de Correos?
2. ¿A qué hora entró en Correos?
3. ¿Por qué tardó mucho tiempo en la Caja de Ahorros?

4. ¿Qué decía el empleado a la mujer gorda?
5. ¿Por qué lanzó la mujer un grito de terror?
6. ¿Qué hacía el primer ladrón?
7. ¿Qué tomó el segundo ladrón del hombre y de la chica?
8. ¿Qué hacía el segundo ladrón cuando entró Pedro en la Oficina?
9. ¿Qué tenía Pedro en la mano?
10. ¿Por qué cayó al suelo el primer ladrón?

CONVERSATION PRACTICE: COMPRANDO SELLOS

EMILIA; EL EMPLEADO

EMILIA: ¿Cuánto cuesta mandar una carta a Inglaterra?
EMPLEADO: Doce pesetas.
EMILIA: ¿Y una tarjeta postal?
EMPLEADO: Ocho pesetas.
EMILIA: Seis sellos de doce pesetas y diez de ocho pesetas, por favor.
EMPLEADO: Sí, señorita. Aquí están.
EMILIA: Y ¿cuánto cuesta mandar este paquete postal a Madrid?
EMPLEADO: Si quicrc Vd. dármelo, voy a pesarlo. A ver —treinta y cinco pesetas.
EMILIA: Gracias. Ahora quiero mandar un giro postal de quinientas pesetas.
EMPLEADO: Tendrá Vd. que ir a la ventanilla de al lado.
EMILIA: El empleado no está allí.
EMPLEADO: Lo siento mucho, pero parece que no es la hora de servicio.
EMILIA: No importa. ¿Dónde está el buzón más próximo?
EMPLEADO: Hay uno a la izquierda fuera de la Oficina.
EMILIA: Muchas gracias.
EMPLEADO: De nada.

costar (**ue**) to cost	**la tarjeta postal** post card
Inglaterra (*f*). England	**pesar** to weigh
mandar to send	**el giro postal** money order

GRAMMAR

(11a) The Future tense

The Future tense is formed by adding the endings of the Present tense of *haber* (with slight modifications) to the Present Infinitive:

hablaré, I will speak	*comeré*, I will eat	*viviré*, I will live
hablarás	*comerás*	*vivirás*
hablará	*comerá*	*vivirá*
hablaremos	*comeremos*	*viviremos*
hablaréis	*comeréis*	*viviréis*
hablarán	*comerán*	*vivirán*

The Future can also be expressed by *ir* with the Infinitive:

Va a vernos esta tarde   He will see us this evening

The following verbs have irregular stems in the Future:

decir: diré	venir: vendré	saber: sabré	salir: saldré
hacer: haré	tener: tendré	haber: habré	valer: valdré
	poner: pondré		
	poder: podré		
querer: querré			

(11b) The Future Perfect

The Future of *haber* is *habré*. The Future Perfect tense is formed by adding the Past Participle to the future of *haber*:

Habrá hablado   He will have spoken
Habremos visto   We will have seen

(11c) Shortening of adjectives

The following adjectives drop the final *-o* before a masculine singular noun:

(i) uno, bueno, malo, primero, tercero, alguno, ninguno:
un buen libro   a good book (but *un hombre bueno*)
el primer (*tercer*) *hombre*   the first (third) man
algún perro   some dog
ningún animal   no animal

(ii) *Grande* is usually shortened to *gran* before a masculine *or* feminine noun:
un gran general   a great general
una gran pintura   a great (famous) painting

(11d) Adjectives: changes of meaning according to position

Some adjectives differ in meaning when placed before or after a noun. The commonest of these are:

Un gran hombre   a great (famous) man
Un hombre grande   a large man
Un pobre chico   a poor (pathetic) boy
Un chico pobre   a poor boy (i.e. no money)

El nuevo vestido	the new (different) suit
El vestido nuevo	the (brand) new suit
La misma casa	the same house
La casa misma	the house itself

(11e) Position of adjectives: final remarks

(i) As was seen in rule (2d), descriptive adjectives usually follow the noun. But the positioning of adjectives is, in practice, a flexible matter and a Spanish writer can place the adjective before or after the noun depending on the meaning, effect or emphasis he wishes to convey. If he wishes to *emphasize* the adjective, as would be the case in some clearly defining adjective such as colour, size, nationality or shape, or if the adjective is described by a long adverb, he will put it *after* the noun.

Un vestido negro	a black dress
Una casa blanca	a white house
Un barco inglés	an English ship
Una mesa redonda	a round table
Una chica extraordinariamente bonita	an extraordinarily pretty girl

(ii) When two adjectives describe the same noun, one may be put before the noun and the other after.

| *Un gran poeta español* | a great Spanish poet |
| *El vasto océano turbulento* | the vast, turbulent ocean |

Or the two adjectives, joined by *y*, may be put after the noun.

Una esposa inteligente y hermosa   a beautiful and intelligent wife.

(11f) Present tense of *oir*, to hear

Oigo, oyes, oye, oímos, oís, oyen

(11g) *Acabar*, to finish   *Acabar de*, to have just

Acaba de verla   He has just seen her

In the past tense, the Imperfect is used with this meaning:

Acababa de llegar   He had just arrived

EXERCISES

1. Form as many sentences as possible, using words from each group.

Practice with the Future tense

A	B	C
Mañana (*tomorrow*)	hablará	a mi amiga alemana
	encontraré	la iglesia
	veremos	a tío Carlos
	visitarán	mi sombrero nuevo
	llevaré	a su madre
		el vestido blanco
		al empleado
		a la chica norteamericana

Practice with the Future formed by ir, to go, with the infinitive

A	B	C
María va a	comprar	la fruta
El señor Pérez va a	comer	los sellos
		el pan
		la chuleta
		las uvas
		el biftec
		unas tarjetas postales
		unos cigarrillos

Practice with the Future Perfect

A	B
Mañana	se lo habrán mostrado
	les habrá hablado
	los habrá encontrado
	la habremos visto
	lo habrán terminado
	lo habrá hecho
	se lo habrá dado

To have just = *acabar de*

A	B	C
Nuestro amigo	acaba de ver	a la señora Sánchez
	acababa de ver	al cartero
		a ese hombre
		el paquete
		a María
		el regalo
		a su esposa

2. Give the first and third persons singular and the third person plural of the Future of:

ver   llegar   vivir   estar   vender   entrar   ser   olvidar   subir   pasar

3. Give the Spanish for:

1. The first time (*vez. f.*)
2. I will speak to him tomorrow.
3. The third man.
4. A hundred pesetas.
5. He hears us.
6. A great (famous) actor.
7. A large man.
8. The first book.
9. No man.
10. All the people (*gente. f.*)

4. Turn into Spanish:

(Use personal *a* where necessary)
1. I have just seen your brother.
2. He has just seen my friends.
3. We have just visited this man.
4. They have just visited María.

92

5. Two men had just entered the house.
6. I will see Señor Pérez at 3.30.
7. I have to buy some stamps for my sister.
8. Six stamps at (de) eight pesetas, please.
9. I want to send a money order for (de) five hundred pesetas.
10. He wants to buy some post cards.
11. How much is it to send a letter to England?
12. Your parcel is too large and I cannot accept it.
13. I hear him. He hears me. We hear them. They hear us.

5. Turn into Spanish:

One day Mary was[1] in the Post Office buying stamps for[2] her mother. She entered[3] the Post Office at eleven o'clock in[4] the morning, which was[5] the busiest time[6]. When she bought the stamps, she had to post[7] the letters which she had written. There was[8] a lively argument between a man and his wife because he had lost his wallet which contained a great deal of[9] money. But a few moments later another[10] man approached[11] carrying the wallet which he had found near the Savings Bank. The first man thanked him for it (se lo agradeció), but he was[12] so embarrassed that he left the Post Office without saying anything[13] to his wife.

1. Was: place where: *ser* or *estar*? 2. for: intended for = *para*. 3. to enter (a building) *entrar en*. 4. in = *de* after time of the day. 5. was: the verb to be, followed by a noun ("time"); *ser or estar*? 6. Time = hour of the day = *hora*. 7. To post, *echar al buzón*. 8. There was, *había*. 9. A great deal of = much. 10. Another, *otro*. 11. To approach, *acercarse*. 12. was, with an adjective showing something different or unusual = *estar*. Use *estuvo*. 13. Without saying anything, *sin decir nada*.

6. Free Composition

Write a free composition of not more than 130 words, using the following outline. Write the story in the Past tense, using the Past Historic and Imperfect tenses as appropriate.

Un ladrón en la oficina de Correos

1. El señor Martínez en Correos—va a depositar mucho dinero en la Caja de Ahorros—saca su cartera—un hombre gordo se apodera de ella.
2. El señor Martínez lanza un grito—el ladrón corre a la puerta—otro hombre trata de cogerle—el ladrón le golpea en la cabeza con una botella.
3. El hombre desafortunado cae al suelo—un policía acaba de entrar—extraordinaria situación—lleva al ladrón a la cárcel.

Chapter 12
EL CUMPLEAÑOS
DE ENRIQUE

EL lunes que viene es el cumpleaños de Enrique. Cumplirá veinticinco años. Saldrá con su atractiva esposa y pasarán una tarde en el teatro. Primero irán a su restaurante favorito en la calle de José Antonio. Conocen muy bien al propietario que es un amigo suyo y les dará su plato favorito—paella.

El día de su cumpleaños, Enrique recibe los regalos de su familia. Su mujer Conchita le regala una corbata nueva y sus padres le han enviado unos libros porque saben que a Enrique le gusta mucho leer.

Cuando vuelve de la oficina a las ocho de la tarde, Conchita está muy ocupada porque los niños se están acostando. Su hija, María Teresa, tiene tres años, pero su hijo Pedro tiene sólo un año y no sabe hablar más que unas pocas palabras. Enrique tiene que contarles un cuento y, poco después, les da las buenas noches y los niños se duermen. Su abuela se quedará en el piso toda la noche para cuidar de los niños.

Cuando entran en el restaurante, Conchita, llevando su mejor vestido, está muy guapa y todo el mundo mira al joven matrimonio. Los dos se sientan a la mesa. Enrique tiene mucha hambre y la paella es deliciosa. Conchita está muy alegre y habladora.

—Esta tarde tengo mucha sed. Me gustaría un poco de vino.

Y Enrique contesta:

—Tendrás una botella del mejor vino.

A las once menos diez llegan al teatro donde representan la obra de un autor clásico del siglo diecisiete.

A las once se levanta el telón y empieza la función que dura hasta la una de la mañana, hora en que Enrique y Conchita vuelven al piso, muy contentos de haber pasado una tarde tan agradable.

VOCABULARY

la abuela grandmother
el año year
atractivo attractive
el autor author
clásico classical
conocer to know (be acquainted with)
contar (ue) to tell (a story)
contento (de) pleased (at, with)
la corbata tie
el cuento story
cuidar to look after
el cumpleaños birthday
cumplir (con) to fulfill, to be (years old)
dar las buenas noches to say good-night
dormirse (ue, -u) to fall asleep
durar to last
enviar to send
la esposa wife
favorito favourite
la función performance
guapo beautiful, handsome
hablador talkative
el hambre (*f.*) hunger
levantarse to get up, rise
lunes (*m.*) Monday; **el lunes que viene** next Monday

el matrimonio married couple, wedding
la mesa table
la noche night, late evening: **buenas noches** good night, good-evening
la obra work
la paella paella (rice dish)
la palabra word
el plato dish, plate
primero (at) first
recibir to receive
regalar to give a present
el regalo present
representar to perform
el restaurante restaurant
saber to know (as a fact)
la sed thirst
sentarse (ie) to sit down
el siglo century
la tarde afternoon, evening
el teatro theatre
el telón curtain (theatre)

95

Answer the following questions in Spanish:

1. ¿Cuándo será el cumpleaños de Enrique?
2. ¿Cuántos años cumplirá?
3. ¿Dónde está su restaurante favorito?
4. ¿Qué le regala Conchita el día de su cumpleaños?
5. ¿A qué hora vuelve Enrique de su oficina?
6. ¿Por qué está muy ocupada Conchita?
7. ¿Cuántos años tienen los niños de Enrique y Conchita?
8. ¿Quién cuidará de los niños?
9. ¿A qué hora llegan al teatro y a qué hora se levanta el telón?
10. ¿Cuándo vuelven al piso?

CONVERSATION PRACTICE:—
¿QUÉ HARÁ ENRIQUE EL DÍA DE SU CUMPLEAÑOS?

ENRIQUE; CONCHITA

CONCHITA: ¿Qué te gustaría hacer el día de tu cumpleaños?

ENRIQUE: Me gustaría ir al teatro.

CONCHITA: ¿Qué representarán el lunes que viene?

ENRIQUE: Voy a verlo en el periódico.

CONCHITA: Encontrarás los anuncios de teatro en la página dieciséis.

ENRIQUE: En el teatro Cervantes representarán —*El Alcalde de Zalamea.* Es la obra de un autor del siglo diecisiete.

CONCHITA: La he estudiado en la Universidad. Me gustaría mucho verla.

ENRIQUE: ¿Crees que tu madre podrá cuidar de los niños?

CONCHITA: Por supuesto. Se lo pediré esta mañana.

ENRIQUE: Muy bien.

CONCHITA: Y ¿dónde cenaremos antes?

ENRIQUE: Cenaremos en el restaurante en la calle Tacna. Tendrás tu plato favorito, paella, y una botella del mejor vino.

CONCHITA: Muchísimas gracias. ¿A qué hora volverás de la oficina?

ENRIQUE: Un poco después de las ocho.

CONCHITA: Voy a telefonear a Mamá. Si ella no puede cuidar de los niños, tía María podrá venir.

el periódico newspaper	**el alcalde** mayor	
el anuncio advertisement	**telefonear** to phone	
la página page		

GRAMMAR

(12a) **Idioms with** *tener*

¿Cuántos años tiene Vd.?   How old are you?
¿Qué edad tiene ella?   How old is she?
Tiene veinticinco años   He is twenty-five
Tiene dos años más que mi padre
He is two years older than my father
Tengo frío (calor)   I am cold (hot) (persons only)

but *el agua está fría*   The water is cold (state)
Tengo hambre   I am hungry
Tiene sed   He is thirsty
Tiene mucha sed   He is very thirsty
Tenemos razón   We are right
No tienen razón   They are wrong
Tengo sueño   I am sleepy
Tiene ganas de   He wants, feels inclined to
Tener prisa   To be in a hurry
Tener lugar   To take place
Tiene malas pulgas   He is bad-tempered (has bad fleas)
Tiene miedo   He is afraid

(12b) *Saber* and *conocer*

Both these verbs mean to know. *Saber* means to know a fact, a reason, or something learnt. It also means to know *how* to do something:

No lo sabe   He does not know it
No saben la lección   They do not know the lesson
No saben la razón   They do not know the reason
¿Sabe Vd. guisar?   Can you (do you know how to) cook?

Conocer is used for persons and to indicate acquaintance:

¿Conoce Vd. a mi hermano?   Do you know my brother?
No conocemos el camino   We don't know the road

(12c) **The Conditional tense**

This tense has the same stem as the Future, but with the endings *-ía, -ías, -ía, -íamos, -íais, -ían*:

I should or would speak	I should or would eat	I should or would live
hablaría	*comería*	*viviría*
hablarías	*comerías*	*vivirías*
hablaría	*comería*	*viviría*
hablaríamos	*comeríamos*	*viviríamos*
hablaríais	*comeríais*	*viviríais*
hablarían	*comerían*	*vivirían*

EXERCISES

1. Write the first and third persons singular and plural of the Future and Conditional of:

tener comer hacer poner querer valer decir salir saber poder

2. Form as many sentences as you can using a word or words from each group.
Idioms with *tener*

A	B	C	C continued
Juan	no tienen	treinta años	sueño
Los niños	tendrá	mucha sed	razón
		ganas de dormir	
		prisa	
		mucha hambre	

Saber and *conocer*

A	B	C
Anita	no sabe	a Conchita
Mi padre	conoce	a Pedro
		guisar la comida
		al señor Jiménez
		pintar la barca
		conducir el coche
		a Tía María
		escribir la carta
		hablar inglés
		la razón
		a la señorita Pérez
		a la familia Martínez
		qué hacer

3. Form as many sentences as you logically can using a word or words from each group. In group A the word *fuera* is the Imperfect Subjunctive of *ser*.
Practice with the conditional

A	B	C
Si yo fuera rico	viviría en	a la señora Martínez
(*if I were rich*)	podría	ir al despacho
	visitaría	el sur de España
	no tendría que	viajar mucho
	no me gustaría	trabajar
		los Estados Unidos
		a mi tía en Chile
		al señor Sánchez
		una casa grande
		vivir aquí
		un piso magnífico
		ayudar a mi madre
		conducir un coche muy caro
		a la señorita González

4. *Conocer* is used for persons. Don't forget personal *a*. Remember that *el* or *la* must be used before *señor, señora* or *señorita* (except in direct address).

Turn into Spanish:

(*a*) Do you know my father? We know señorita Martínez. They know Señor Sánchez. He knows Pedro.

(*b*) *Saber* is used for a *fact*: to know *how* to ("can")
He can speak French. Can you drive a car? Can he cook the food? We know it. He knows the reason.

(*c*) I am thirsty. Señora Pérez is hungry. We are right. He is afraid. They are cold. I am hot. He is wrong. I am in a hurry. We are sleepy.

(*d*) How old are you? I am sixteen. He is twenty-two. Señor Pérez is fifty. He is fifteen. He is six years older than Juan.

5. Turn into Spanish:

Next Monday[1] will be[2] John's birthday. He will be[3] twenty-three years old. His father will give him[4] a new tie because he knows how much John likes[5] new ties. In[6] the evening they will go out to a restaurant in the Plaza San Antonio where they will eat their favourite dish[7]—paella.

John's father and mother will accompany him and in the restaurant they will meet[8] Manuel and[8] his sister Paquita. John hopes that one day Paquita will be[2] his wife. They will arrive at about[9] ten in[10] the evening and they will continue eating[11] until midnight.

Afterwards they will return to John's house where they will drink coffee and brandy and talk until one o'clock in[10] the morning. Then Manuel and Paquita will have to leave and John's family will go to bed.[12]

1. Next Monday = the Monday which comes. 2. to be, followed by a noun = *ser*. 3. Say "he will have" (*tendrá*). 4. *le dará*. 5. Translate "how much to him are pleasing to Juan the new ties". 6. *por*. 7. dish = plate. 8. Don't forget personal *a*. 9. *a eso de*. 10. in = *de* (after time of the day). 11. *seguirán comiendo*. 12. *se acostará*.

6. Free Composition.

Write a free composition of not more than 130 words on the following subject. Use the Future tense.

Mi cumpleaños

1. Mi cumpleaños— ¿cuándo?— ¿qué edad? —mis amigos—venir a verme —pasar una tarde muy agradable en casa.

2. Mi amigo Carlos—venir con sus hermanas— ¿son bonitas?—otros amigos—hablar en la sala—beber unos vasos de vino—entrar en el comedor.

3. Sentarnos en la mesa— ¿a qué hora?— ¿qué comeremos?— ¿plato favorito?—hablar mucho—medianoche—salir de la casa—acostarme— ¿a qué hora?

Chapter 13

EN BUSCA DE CULTURA

La familia Rodríguez está de vacaciones en Granada. La señora Rodríguez y su hija Josefina son muy aficionadas a la arquitectura y a las bellezas que abundan en aquella vieja ciudad. Van a pie por todas partes, mirando los edificios antiguos.

Pero al señor Rodríguez no le interesan las bellezas de aquella ciudad. Prefiere sentarse a la sombra, en un café, bebiendo unos vasos de cerveza y mirando pasar la gente.

La señora Rodríguez está desesperada y le dice:

—Pasamos sólo quince días aquí y queremos verlo todo. Debes de saber el proverbio 'Quien no ha visto Granada, no ha visto nada'. Es una ciudad de un gran interés histórico. Por ejemplo—y aquí la señora consulta la guía turística y su marido suspira—la Alhambra es uno de los monumentos más célebres del mundo.

La Alhambra, la palabra quiere decir 'ciudad roja' en árabe, está rodeada de una gran muralla con trece torres y unos árboles plantados por Wellington. El señor Rodríguez suspira otra vez, contempla tristemente su vaso de cerveza, y contesta:

—Y, ¿quién fue Wellington?

—Según la guía turística era un célebre general inglés del siglo diecinueve. Parece que nos ayudó peleando contra los franceses.

El señor Rodríguez no presta mucha atención. La señora Rodríguez sigue hablando:

—Debemos ver también lo más pronto posible la catedral gótica y el palacio de Carlos Quinto construido en el siglo dieciséis. Y naturalmente no hay que olvidar que fue en Granada que los Reyes Católicos —como sabes eran Isabel y Fernando—conquistaron y expulsaron a los moros. Fue una de las épocas más gloriosas de nuestra historia. Pero, querido, ¡no escuchas!

Josefina mueve tristemente la cabeza.

—Papá está durmiendo. No tiene afición por la historia.

VOCABULARY

abundar to abound
la afición love, inclination
aficionado (a) fond (of)
andar to go
antiguo old, ancient
el árabe Arabic
la arquitectura architecture
la belleza beauty
la busca search
la catedral cathedral
célebre famous
conquistar to conquer
contemplar to gaze at
contra against
construir to build
consultar to consult
la cultura culture
desesperado in despair
dormir (ue -u) to sleep
el edificio building
el ejemplo example; **por ejemplo** for example
la época time, era
escuchar to listen (to)
expulsar to expel

glorioso glorious
gótico Gothic
la guerra war
la guía guide book
la historia history
histórico historic
el interés interest
el monumento monument
el moro Moor
mover (ue) to move, shake
la muralla rampart, wall
naturalmente naturally, of course
la palabra word
el palacio palace
pelear to fight
el pie foot; **a pie** on foot
plantar to plant
preferir (ie -i) to prefer
prestar to lend
prestar atención to pay attention
pronto soon; **lo más pronto posible** as soon as possible
el proverbio proverb
querer decir to mean
querido dear

el rey king
los reyes king and queen
rodeado (de) surrounded (by)
rojo red
seguir (i) to follow
según according to
sólo only (*adv.*)

la sombra shadow, ghost
suspirar to sigh
la torre tower
turístico tourist (*adj.*)
las vacaciones holidays; estar de
  vacaciones to be on holiday
visto seen

Answer in Spanish the following questions:

1. ¿Por qué está la familia Rodríguez en Granada?
2. ¿Qué hacen la señora Rodríguez y Josefina?
3. ¿Qué prefiere hacer el señor Rodríguez?
4. ¿Por qué está desesperada la señora Rodríguez?
5. ¿Cuánto tiempo pasa la familia en Granada?
6. ¿Cuál es el proverbio que nos dice que vale la pena visitar Granada?
7. ¿Cómo se llama el monumento más célebre de Granada?
8. ¿Cuándo construyeron el palacio de Carlos Quinto?
9. ¿Cómo se llamaban los Reyes Católicos?
10. ¿Por qué fueron célebres?

CONVERSATION PRACTICE: LAS BELLEZAS DE GRANADA

El Señor Martínez; La Señora Martínez

Señora: Esta mañana tenemos que ir a ver la Catedral y el palacio de Carlos V (Quinto).

Martínez: Pero, querida, no podemos ir a pie. Está demasiado lejos.

Señora: Entonces iremos en taxi.

Martínez: Pero eso resultará muy caro.

Señora: ¿No quieres ir conmigo a ver los palacios y todas las bellezas de la ciudad?

Martínez: Yo preferiría sentarme a la sombra, bebiendo unos vasos de cerveza.

Señora: No sé por qué has venido aquí. Puedes hacer todo eso en casa.

Martínez: Es que estoy muy cansado.

Señora: ¿No quieres ver la Alhambra?

Martínez: La vi una vez cuando era joven. No será muy diferente hoy.

Señora: Pero ésta es una ciudad de un gran interés histórico.

Martínez: Entonces ¿por qué no llevas a Josefina contigo? Tiene una gran afición por la historia. A ella le gustaría mucho acompañarte.

Señora: En ese caso voy a preguntárselo. Y tú, ¿qué vas a hacer?

MARTÍNEZ: Estoy aquí de vacaciones. Todo lo que quiero hacer es sentarme en la terraza de un café y beber cerveza mientras miro pasar la gente.

la terraza the terrace

GRAMMAR

(13a) Radical-changing verbs, 3rd conjugation

Revise Rule (8a) page 62.

The following rule should be repeated daily until it is thoroughly mastered.

Certain verbs of the third conjugation *only*, in addition to being radical-changing verbs, also change their root vowels *even though they are not stressed*, if the next syllable contains -*a*, -*ie*, -*ió*. Root *e* changes to *i* and *o* to *u*.

	Pedir, to ask for		*Morir*, to die	
Past Historic	*pidió*	he asked	*murió*	he died
	pidieron	they asked	*murieron*	they died
Gerund	*pidiendo*	asking	*muriendo*	dying
Present Subjunctive	*pidamos*	let us ask	*muramos*	let us die

It should be noted that root *o* changes to *ue* when stressed, but to *u* when unstressed but followed by -*a*, -*ie*, -*ió*. Thus:

duermo I sleep (but *durmiendo* sleeping)

The commonest verbs in this group are:

pedir (*i*) to ask for *elegir* (*i*) to choose
vestirse (*i*) to dress *seguir* (*i*) to follow
repetir (*i*) to repeat *sentir* (*ie* -*i*) to feel
preferir (*ie* -*i*) to prefer *morir* (*ue* -*u*) to die
dormir (*ue* -*u*) to sleep

(13b) Comparison of adverbs

Lo is often used with the superlative.

pronto soon *más pronto* sooner
lo más pronto posible as soon as possible
tarde late *más tarde* later
lo más tarde posible as late as possible
rápidamente quickly *más rápidamente* more or most quickly
No corre tan rápidamente como mi hermano
He does not run as fast as my brother

Irregular forms

bien	well	*mejor*	better, best
mal	badly	*peor*	worse, worst
mucho	much	*más*	more, most
poco	little	*menos*	less, least

(13c) **Impersonal** *haber*

Present	*hay*	there is, there are
Imperfect	*había*	there was, there were
Past Historic	*hubo*	there was, there were
Future	*habrá*	there will be
Conditional	*habría*	there would be
Perfect	*ha habido*	there has (have) been

(13d) **Irregular Past Participles**

decir	to say	*dicho*	said
hacer	to do, make	*hecho*	made, done
poner	to put	*puesto*	put
ver	to see	*visto*	seen
descubrir	to discover	*descubierto*	discovered
morir	to die	*muerto*	dead
resolver	to resolve	*resuelto*	resolved

EXERCISES

1. Give the first and third persons singular and plural of the Present tense of:
vestirse   dormir   seguir   preferir   morir

Give the Gerund of:
dormir   seguir   sentir   repetir   morir

Give the first and third persons singular and plural of the Past Historic of:
dormir   repetir   pedir   sentir   seguir   morir   elegir   preferir

2. Form as many sentences as you can using a word or words from each group.

A	B	C
El hombre	está durmiendo	en la casa
Enrique	murió	a María
El señor Rodríguez	siguió	a nuestro amigo
		a la criada
		en el dormitorio
		a la señora Sánchez
		en el hotel
		en Inglaterra
		al aduanero

A	B	C
La señora Martínez	pidió	pan
	eligió	biftec
		comida
		cerveza
		coñac
		chuletas
		café

Note that in this exercise *que* means "than".

A	B	C	D
Mi madre	habla	más rápidamente que	María
	trabaja	mejor que	la señora Pérez
	lee	menos que	mi hermana
		más lentamente que	yo
			el policía
			el francés
			el abogado
			Vd.

3. Turn into Spanish:

1. He repeated it.
2. He followed us.
3. He felt it much.
4. He asked for money.
5. He chose this book.
6. He died (the) last week.
7. He slept all the day.
8. They prefer to stay here.
9. They are sleeping in that bedroom.
10. He is asking for your passport.
11. They have not seen us yet.
12. He has not said it.
13. Where has he put my book?
14. They have not done it.
15. We have heard nothing.

4. Turn into Spanish:

1. I will come as soon as possible.
2. Does he want to come with me?
3. They arrived very early.
4. The Spanish woman spoke too rapidly.
5. He does not speak English so well as your brother.
6. I will see them later.
7. We left the beach as late as possible.
8. I will do it as quickly as I can.
9. He writes better than I (do).
10. He does it more easily.

5. Turn into Spanish:

Juan and his wife María are on holiday in Granada. They are spending only[1] two weeks in that old city and they want to see everything because they remember[2] the old Spanish proverb: "He who has not seen Granada, has not seen anything".

However, after three days Juan says that he is[3] too tired to[4] go to the Cathedral and the Alhambra. He prefers to sit[5] in the shade and drink a glass of beer. He says that he is not fond[6] of history, especially when he has to go everywhere on foot.

María is[7] very annoyed because she wants to see the palace of Charles V, built[8] in the sixteenth century, one of the most glorious periods[9] of Spanish history. She argues with her husband, but he does not wish to move. Eventually she decides to go alone.

1. *sólo.*   2. *acordarse (ue) de.*   3. *está* why?   4. too tired to = *demasiado cansado para.* 5. reflexive.   6. Say "to him is not pleasing the History" or use *ser aficionado.* 7. *ser* or *estar*?   8. built = constructed.   9. a period of history = *época.*

6. Free Composition.

Write a free composition of not more than 130 words on the following subject:

Nuestras vacaciones en Granada

1. Nuestra familia—quince días en Granada—ciudad hermosa—muchos edificios antiguos.
2. Mi hermano Carlos—afición por la arquitectura—visitar el palacio de Carlos V—después, pasar toda la tarde en la Alhambra—mi madre muy cansada.
3. Mi padre habla de la historia de Granada—gran interés histórico—los Reyes Católicos—no le interesa mucho a mi madre.

Chapter 14

HABLANDO CON CARMEN

(Carmen y un inglés están hablando en el vestíbulo de un hotel español)

CARMEN: ¿Es ésta su primera visita a España?

INGLÉS: Sí. Estoy pasando mis vacaciones aquí.

CARMEN: ¿Le gusta el hotel?

INGLÉS: Sí. Tengo una habitación muy agradable con un balcón cara al mar. Mi primo estuvo aquí el año pasado.

CARMEN: Ah sí. Me acuerdo de él. Era un hombre muy romántico. Tocaba la guitarra bajo la ventana de una chica muy guapa.

INGLÉS: ¿Le gustaba a la chica?

CARMEN: Sí, pero no le gustaba a su novio.

INGLÉS: ¿Qué pasó?

CARMEN: Pues . . . el novio de esta chica era torero. Cuando su primo supo que había matado muchos toros y que venía a verle durante la semana, decidió que sería más prudente volver a Inglaterra.

INGLÉS: ¿No tocan la guitarra los españoles?

CARMEN: Aquí sólo los turistas ingleses tocan la guitarra.

INGLÉS: Yo nunca toco la guitarra. Prefiero bañarme.

CARMEN: ¿Conoce Vd. la playa de Cavancha que está a unos diez kilómetros de aquí?

INGLÉS: No, pero dicen que es muy hermosa. Tengo intención de ir a verla esta tarde. ¿Le gustaría acompañarme?

CARMEN: Con mucho gusto. ¿A qué hora saldremos?

INGLÉS: Comeré a las dos, y después dormiré la siesta.

CARMEN: Pues . . . ¡Vd. es un verdadero español!

INGLÉS: Y a las cinco saldremos en mi coche.

CARMEN: Muy bien. Sé que le gustará mucho la playa. Es muy tranquila y no hay mucha gente.

INGLÉS: Y ahora, antes de comer, debemos beber algo. ¿Dónde está el bar?

CARMEN: Hay uno enfrente del hotel.

INGLÉS: Vamos.

VOCABULARY

el balcón balcony	**el primo** cousin
cara a facing	**¡pues!** Why! well!
enfrente de in front of	**la semana** week
guapo beautiful, handsome	**supo** he learnt
la intención intention; **tener**	**tocar** to touch, play (an instrument)
intención to intend	**el torero** bullfighter
matar to kill	**el toro** bull
el novio fiancé, boy friend	**tranquilo** quiet, peaceful
pasado last, past	**verdadero** true
pasar to happen, pass, spend	**el vestíbulo** hall

nswer in Spanish the following questions:

1. ¿Dónde están hablando el inglés y Carmen?
2. ¿Por qué le gusta al inglés su habitación?
3. ¿Qué hacía el primo del inglés el año pasado?
4. ¿Cuál era la profesión del novio de la chica?
5. ¿Qué decidió hacer el inglés cuando supo que el novio venía a verle?
6. ¿Dónde está la playa de Cavancha?
7. ¿A qué hora saldrá el inglés en su coche?
8. ¿Por qué no puede ir a las dos?
9. ¿Qué sabemos de la playa de Cavancha?
10. ¿Dónde está el bar?

CONVERSATION PRACTICE:
LA TRANQUILIDAD DE LA PLAYA

El Inglés; Carmen

Inglés: ¡Qué playa más hermosa!

Carmen: ¿Le gusta?

Inglés: Sí, muchísimo. Es muy tranquila. ¡Qué vista más encantadora!

Carmen: Hay poca gente aquí.

Inglés: ¿Puede Vd. ver a esos niños que juegan, inocentes y alegres, en la arena?

Carmen: Sí. Son adorables.

(*Ha pasado media hora*)

Inglés: ¿Qué están haciendo los niños?

Carmen: Están luchando por ese cubo.

Inglés: Aquí vienen dos mujeres gordas y fuertes.

Carmen: Serán las madres. Sus niños corren hacia ellas, llorando.

INGLÉS: Sí. Tiene Vd. razón. Las madres están furiosas. ¿Qué dicen?

CARMEN: Es demasiado grosero para traducirlo al inglés.

INGLÉS: Aquí vienen los padres. Parecen furiosos también.

CARMEN: La situación se va poniendo cada vez más fea.

INGLÉS: ¿Qué dicen los padres?

CARMEN: Es aun peor de lo que dicen las madres.

INGLÉS: Y aquí vienen los tíos y los primos para apoyar a sus parientes.

CARMEN: No sé por qué se va al teatro cuando hay tanto drama en la vida real.

INGLÉS: Y lo mejor de todo es que aquí no tenemos que pagar nada.

la arena	sand	**luchar**	to fight
cada vez más	more and more	**llorar**	to weep
el cubo	bucket	**el pariente**	relation
fuerte	strong	**se va**	one goes
grosero	impolite, coarse	**traducir**	to translate

GRAMMAR

(14a) Ordinal numbers

1st	*primero*	7th	*séptimo*
2nd	*segundo*	8th	*octavo*
3rd	*tercero*	9th	*noveno*
4th	*cuarto*	10th	*décimo*
5th	*quinto*	20th	*vigésimo*
6th	*sexto*	100th	*centésimo*
		last	*último, postrero*

Ordinals, apart from *vigésimo* and *centésimo*, are rarely used for numbers over ten. They agree with the noun they qualify.

La octava casa   the eighth house
La casa treinta y tres   the thirty-third house
La primera vez   the first time (occasion)

As stated in Rule (11c), *primero* and *tercero* drop the final *o* before a masculine singular noun:

El primer hombre   the first man
El tercer libro   the third book

(14b) Days of the week

The week   *la semana*
Sunday   *domingo*
Monday   *lunes*
Tuesday   *martes*
Wednesday   *miércoles*
Thursday   *jueves*
Friday   *viernes*
Saturday   *sábado*

The days of the week are masculine and written with a small letter.

On Sunday is *el domingo,* on Sundays, *los domingos*

Vendrá el jueves   He will come on Thursday
El martes que viene or *el martes próximo*   next Tuesday
El miércoles pasado   last Wednesday
La mañana del domingo or *el domingo por la mañana*
(on) Sunday morning
El sábado por la tarde   on Saturday afternoon
El lunes por la mañana   on Monday morning

(14c) Months of the year *(los meses del año)*

January *enero*	July *julio*
February *febrero*	August *agosto*
March *marzo*	September *se(p)tiembre*
April *abril*	October *octubre*
May *mayo*	November *noviembre*
June *junio*	December *diciembre*

The months of the year are also masculine and spelt with a small letter.

En (el mes de) enero   in (the month of) January

(14d) Dates

The ordinal is used for the first day of the month only.

El primero de septiembre   (on) the first of September
but: *El dos de abril*   (on) the second of April

¿A cuántos estamos?   What is the date?
Estamos a veintidós de mayo   It is the 22nd of May

En el año de mil cuatrocientos noventa y dos   in the year 1492
El sábado veintiuno de enero   (on) Saturday 21st January
El día quince   (on) the 15th

(14e) **The Seasons** (*las estaciones del año*)

Spring   *la primavera*   Autumn   *el otoño*
Summer   *el verano*   Winter   *el invierno*

Un día de primavera   a spring day
Una noche de invierno   a winter night

EXERCISES

1. Form as many sentences as possible, using a word or words from each group. Give the dates in full.

A	B	C	D
El rey	nació	el primero de junio	1553 (mil quinientos
La barca	(*was born*)	el dos de octubre	cincuenta y tres)
	murió	el tres de agosto	1830 (mil ochocientos
	partió	el quince de diciembre	treinta)
			1962 (mil novecientos
			sesenta y dos)
			1742 (mil setecientos
			cuarenta y dos)

A	B	C
Vivimos en	el segundo piso	a la izquierda
	la primera casa	de la octava casa
	la tercera calle	de la calle Pizarro
		a la derecha
		al otro lado de la estación

A	B	C
Visitaremos	el café	el jueves por la tarde
Veremos	a María	el miércoles
	al señor Sánchez	la mañana del domingo
	la playa	todos los sábados
	al norteamericano	durante el invierno
	a tía Catalina	el martes
		en la primavera
		la semana que viene
		el lunes por la mañana
		un día de verano
		en enero

111

2. Turn into Spanish:

1. The third house.
2. The first book.
3. The last time.
4. Henry was born on 15th July.
5. The third street.

6. The second time.
7. Philip lives on the fifth floor.
8. The third man.
9. For the first time.
10. The seventh day.

3. Turn into Spanish:

(Don't forget personal *a*)

1. I will see Juan on (*el*) Tuesday.
2. He visited his grandfather on (*el*) Sunday.
3. I saw them last (*pasada*) week.
4. He died on the second (*dos*) of May 1963.
5. I am going to visit my friends in the spring.
6. What is the date? It is (*a*) the third of March.
7. I will come on Saturday afternoon.
8. Do you know the town of Arica which is (*a*) some kilometres from here?
9. My brother will arrive in London on Friday 13th December.
10. I have just received your letter of 5th June.
11. I want a room with a balcony facing the sea.
12. My friend was here last year.

4. Turn into Spanish:

One day John, who was spending[1] his holidays in Spain, met[2] a very attractive Spanish girl in the hall of his hotel. Her name was[3] Carmen. She knew[4] John's cousin who was there last[5] year. John and Carmen drank a glass of wine in a bar in front of the hotel and decided to visit a lovely beach[6] some ten kilometres from the hotel. They decided to go at five o'clock as[7] John had lunch[8] at two o'clock and he wanted to sleep a[9] siesta afterwards. The beach at Cavancha was[10] very beautiful but it was[11] not very quiet because two children were fighting over[12] a bucket. When their mothers arrived, they looked furious and the situation became[13] more and more[14] ugly.

1. *Estar* + Gerund. 2. Don't forget personal *a*. 3. Say "she called herself" (Imperfect tense). 4. *Conocer*, to know a person or place. 5. *pasado*. 6. Use *a*. 7. as = because. 8. To have lunch, *comer*. 9. *la*. 10. *ser* or *estar*? Is the beach usually beautiful? 11. Use *estar*. Why? 12. *por*. 13. *se iba poniendo*. 14. more and more = each time more.

5. Write a free composition of not more than 130 words on the following subject. Use the past tense.

Las vacaciones de Juan

1. ¿Dónde pasa Juan sus vacaciones?—¿le gusta a Juan su habitación?—¿a quién encuentra en el vestíbulo?
2. Van al bar—¿qué beben?—¿qué deciden hacer por la tarde?—¿a qué hora salen?—¿por qué no pueden salir a los dos?
3. La playa de Cavancha—¿dónde está?—¿por qué no está tranquila?—¿qué hacen los niños?—¿qué hacen los padres?—¿a qué hora vuelven al hotel?

Chapter 15
EN EL RESTAURANTE

(*Juan y Anita entran en uno de los mejores restaurantes de la ciudad*)

JUAN: ¡Camarero! Queremos una mesa para dos.

ANITA: ¿No es posible sentarnos cerca de la orquesta?

JUAN: Sí. Allí hay una mesa libre.

    (*Se sientan cerca de la orquesta*)

ANITA: Siempre que vengo aquí con mi amigo Pedro, nos sentamos en esta mesa.

JUAN: ¿Dónde está el menú? ¿Qué quiere Vd. comer? ¿Le gustaría un poco de sopa?

ANITA: No gracias. Me gustaría un poco de pollo asado o biftec con legumbres o ensalada y, como postre, fruta, helado o queso.

JUAN: Yo preferiría tomar algún pescado. Me gustaría sobre todo una langosta.

113

ANITA: Un amigo mío comió aquí una langosta la semana pasada. Tuvieron que llevarle después al hospital.

JUAN: En ese caso, tomaré una chuleta de ternera y, después del postre tomaremos una copita de coñac y una taza de café.

ANITA: Muy bien.

JUAN: La música es muy alegre ¿verdad?

ANITA: No es mala. El pianista no toca muy bien.

JUAN: ¿Le gustaría a Vd. bailar?

ANITA: No gracias. Me duelen los pies.

(*Poco después. Terminan la comida*)

JUAN: ¡Camarero! La cuenta, por favor. Gracias. ¿Cuánto es?

(*Mira la cuenta*)

ANITA: ¿Qué le pasa? ¡Se ha puesto muy pálido!

JUAN: ¡Qué catástrofe! ¡He dejado todo mi dinero en casa!

ANITA: ¿Qué vamos a hacer ahora?

JUAN: El camarero va a hablar con el gerente. Lo siento mucho.

ANITA: ¿Tendremos que lavar los platos en la cocina? ¡Qué cosa más vergonzosa! Cuando vengo aquí con Pedro—

JUAN: ¡Chitón! ¡Todo el mundo nos mira!

ANITA: Pero—¡allí está Pedro! Viene hacia nosotros.

(*Pedro se acerca sonriendo*)

PEDRO: Buenos días. ¿Qué hay?

JUAN: Estamos en una situación muy delicada. ¿Puede Vd. prestarme un poco de dinero?

PEDRO: Por supuesto. Aquí tengo un billete de mil pesetas. Pero ¿por qué viene aquí el gerente?

VOCABULARY

asar to roast	**la ensalada** salad
bailar to dance	**el gerente** manager
el billete banknote, ticket	**hay**; **¿qué hay?** What's the matter?
el camarero waiter	**el helado** ice-cream
el caso case	**la langosta** lobster
¡chitón! Ssh!	**libre** free
la copita small wine glass	**la orquesta** orchestra
la cuenta bill	**pasar** to happen
doler (ue) to hurt; **me duelen los pies** my feet hurt ("to me are hurting the feet")	**el pescado** fish
	el pollo chicken
	el postre dessert

114

el queso cheese	**sobre todo** above all, especially
el restaurante restaurant	**la ternera** veal
la semana pasada last week	**tocar** to touch, play (an instrument)
siempre que whenever	**vergonzoso** shameful, disgraceful

Answer in Spanish the following questions:

1. ¿Dónde quiere sentarse Anita?
2. ¿Quién es Pedro?
3. ¿Qué quiere comer Anita?
4. ¿Por qué decide Juan no comer la langosta?
5. ¿Qué van a beber después del postre?
6. ¿Qué piensa Anita del pianista?
7. ¿Por qué no quiere bailar?
8. ¿Por qué se pone pálido Juan?
9. ¿Qué hace el camarero?
10. ¿Qué pregunta Juan a Pedro?

CONVERSATION PRACTICE:
UNA VISITA A OTRO RESTAURANTE

Juan; María; Pedro

JUAN: ¿Quiere Vd. tomar un poco más de fruta o queso?

MARÍA: No gracias.

JUAN: Pero ¡Vd. apenas ha comido!

MARÍA: Entonces tomaré otra taza de café. Se come muy bien en este restaurante.

JUAN: Sí. Y desde aquí la vista de la ciudad es magnífica.

MARÍA: ¿Ha visitado Vd. el restaurante en la calle Pérez?

JUAN: Sí. Estuve allí la semana pasada.

MARÍA: ¿Es mejor que este restaurante?

JUAN: Creo que no. Me dicen que las langostas que sirven no son de las mejores.

MARÍA: Aquí se acerca un señor. ¿Es un amigo suyo?

(*Pedro se acerca*)

JUAN: ¡Hola, Pedro! ¿Qué tal? Quiero presentarle a mi amiga María Rivero.

PEDRO: Buenos días. ¿Cómo está Vd.?

MARÍA: Muy bien gracias.

PEDRO: Juan, ¿puede Vd. prestarme un poco de dinero? No tengo bastante para la propina.

JUAN: Por supuesto. No hay nada más fácil.

Se come	one eats	**servir (i)**	to serve
magnífico	magnificent	**¡hola!**	hullo!
creo que no	I don't think so	**la propina**	tip

GRAMMAR

(15a) Relative pronouns

(i) *Que*—who, whom, which, that

La chica que trabaja en el hotel   The girl who works in the hotel

Relative pronouns are not omitted in modern Spanish.

El hombre que Vd. ve   The man (whom) you see
El tren que llega a las diez   The train which (subject) arrives at ten
El libro que Vd ha comprado
The book which (object) you have bought

(ii) *Quien* (pl. *quienes*) refers to persons only.

¿Quién está allá?   Who is there?
El chico a quien veo   The boy (whom) I see (note personal *a*)

However, Spaniards usually prefer *que* in this case: *el chico que veo.*

¿De quién es este coche?   Whose is this car?
¿Con quién irá Vd?.   With whom will you go?

(iii) Which, used with prepositions, is *el (la) cual, los (las) cuales.*

La compañia para la cual trabaja   The firm for which he works
Los libros sin los cuales . . .   The books without which . . .

But *que* is used for which with *en, de* and *con*:

La cosa de que hablábamos   The thing about which we were talking
La fábrica en que (donde) trabaja
The factory in which (where) he works

(iv) Whose, *cuyo (-a, -os, -as)*, being an adjective, agrees with the noun which it qualifies:

El hombre cuyos niños están aquí   The man whose children are here
El señor cuya hija está enferma   The gentleman whose daughter is ill

When "whose" is subject, *¿De quién?* is used:

¿De quién es este libro?   Whose is this book?

(v) All (those) who (which) can be translated by *todos los que, todas las que*, or *cuantos (-as)*.

Todos los que }*estudian el alemán . . .*   All (those) who study German . . .
Cuantos

Cuanto (-*a*) can also mean all (that which).
Hace cuanto puede He does all (that which) he can
This can of course be translated by *hace todo lo que puede.*

(15b) **Past Historic of irregular verbs**

tener, to have	*estar,* to be	*andar,* to go	*haber,* to have
tuve	*estuve*	*anduve*	*hube*
tuviste	*estuviste*	*anduviste*	*hubiste*
tuvo	*estuvo*	*anduvo*	*hubo*
tuvimos	*estuvimos*	*anduvimos*	*hubimos*
tuvisteis	*estuvisteis*	*anduvisteis*	*hubisteis*
tuvieron	*estuvieron*	*anduvieron*	*hubieron*

Ser and *ir* are identical in the Past Historic.
fui   I went, I was
fuiste
fue
fuimos
fuisteis
fueron

(15c) **Pluperfect tense**

(Yo) había hablado, (I had spoken)
    habías hablado
(El) había hablado
    habíamos hablado
    habíais hablado
    habían hablado

EXERCISES

1. Form as many sentences as you can using a word or words from each group.

A	B	C
Las cosas	en que	pasa el día
La fábrica	sin las cuales	trabaja
La barca	donde	no puedo hacer nada
Los libros	sin la cual	no irán
	sin los cuales	gana mucho dinero
		no pueden trabajar
		pasa el invierno
		no puede estudiar

A	B	C	C continued
La chica	que	he visto	he enviado
El hombre		ha venido	ha pagado
		hemos oído	han conducido aquí
		han buscado	ha ido
		ha llegado	

Make adjectives agree as necessary.

A	B	C	D
Quien (he who)	hacen eso	es	inteligente
Los que (those who)	trabaja mucho	son	rico (rich)
La que (she who)	no trabaja nunca		pobre
El que (he who)	madruga		feliz
Cuantos (all those who)			perezoso
Quienes (those who)			

2. Turn into Spanish:

1 The man who is at the door.
2. The girl whom I have seen.
3. Whose is this book?
4. The car which is outside the house.
5. For whom is he working?
6. The train which arrives at 11.15.
7. With whom were you talking?
8. The man about (of) whom I was talking.
9. The girl to whom I gave the food.
10. The farmer who is working in the field.
11. He who works hard is happy.
12. My brother's daughters are very beautiful.
13. This house and that one which is near the church.
14. The food about (of) which he was complaining.
15. The garden in which I work.

3. Turn into Spanish:

1. Whose is this car?
2. The man whose sister works in the café.
3. All those who study (el) English will come at nine o'clock.
4. The student whose books you have lost.
5. The doctor does all he can in order to (para) help him.
6. The meat without which I cannot cook the supper.
7. Whose is that boat?
8. All those who want to go to the theatre will come and see me.
9. The farmer whose dog is at the door.
10. Whom have you seen?

4. Turn into Spanish:

1. He had entered.
2. They had seen.
3. I had gone.
4. He had spoken.
5. They had said it.
6. We had heard.
7. He had come.
8. They had done it.
9. He had arrived.
10. I had put it there.
11. I have just seen them.
12. He had just arrived.

5.(a) Give the first and third persons singular and plural of the Past Historic of:

ser   tener   haber   andar   ir   estar

(b) Close the book and draw up a list of twelve things you can eat and drink in a restaurant.

6. Turn into Spanish:

Last week Juan and María went to one of the best restaurants in Madrid. They sat down at a table which was[1] close to the orchestra. It was ten o'clock at night and many people were[2] dancing. After a few minutes the waiter approached[3] them with the menu. At first they took[4] some soup, then they ate chicken with roast potatoes and vegetables, and finally they took fruit for dessert. Later they drank some coffee and Juan took a glass[5] of brandy. It was then midnight and the orchestra started to play[6] again. They danced until two in[7] the morning and returned home shortly[8] afterwards.

1. Place where. 2. *La gente* takes a singular verb. 3. *acercarse a.* 4. *tomar.* 5. *Una copita*, a small glass; *un vaso*, a large glass. 6. *tocar.* 7. in = *de* after time of the day. 8. *poco.*

7. Write a free composition of not more than 130 words based on the following outline. Use the past tense.

En el restaurante

1. Juan y Anita—mesa libre— ¿dónde se sientan?—el camarero—el menú — ¿qué comen?
2. ¿Le gusta a Juan la música?— ¿toca bien el pianista?— ¿por qué no bailan?—Juan pide la cuenta.
3. Juan está muy pálido— ¿por qué?— ¿qué hace el camarero?— ¿quién se acerca?— ¿cómo consigue Juan pagar la cuenta?

REVISION EXERCISES

1. Revise the vocabulary and grammar of Chapters 11, 12 and 13.

(*a*) Turn into Spanish:
1. I will speak to your uncle this evening.
2. They built this church in the fifteenth century.
3. Can you drive a car?
4. He has to go to Madrid tomorrow.
5. We are on holiday here until next Saturday.
6. Juan is very hungry.
7. He will see us tomorrow.
8. There will be a train this afternoon.
9. A great English poet.
10. There was an accident in the street.
11. They do not pay much attention.
12. The same house.
13. He prefers to sit in a café.
14. After a while.
15. Everybody looks at the young couple.
16. The girl herself.
17. I am very thirsty.
18. The people were forming a queue.
19. We know the owner very well.
20. Have you seen Señor Jiménez?

(*b*) Study carefully for meaning, then practise reading aloud in Spanish:
1. Lo más pronto posible.
2. Acababan de llegar.
3. Los niños se están acostando.
4. Debemos ir allá lo más pronto posible.
5. A ella le gustaría mucho venir.
6. Tendrá veintiocho años de edad.
7. Era la hora de mayor animación.
8. Nos siguieron hasta el hotel.
9. Tiene sueño esta tarde.
10. Somos muy aficionados al teatro.
11. Le preguntamos si habría muchas dificultades.
12. Dice que no lo harán nunca.
13. Tiene malas pulgas hoy.
14. Empezaron a registrar la Caja de Ahorros.
15. Me gustaría ayudar a mis amigos.
16. Se viste siempre de negro.
17. No tengo afición por la historia.
18. Al principio iremos a la casa de tía María.

(c) Give the Past Participle of:

poner deber ver comer hacer vivir decir oir morir descubrir

(d) Give the Gerund of:

dormir seguir hablar vestir morir pedir pasar repetir saber sentir

(e) Give the first and third persons singular and plural of the Past Historic of:

seguir   morir   pedir   repetir   dormir

(f) Give the first and third persons singular and plural of the Future of:

comer hacer hablar venir decir saber salir poder querer poner

2. Revise the vocabulary and grammar of Chapters 14 and 15.

1. The man whose children are studying (el) German.
2. My friend's cousin was a bullfighter.
3. We will arrive on Saturday August 23rd.
4. They do all they can.
5. What is the date today?
6. The Spaniards discovered the New World in 1492.
7. The boy whom I have seen.
8. The book about (of) which they were talking.
9. They decided to do it.
10. The third house in the fifth street.
11. We want a table for four, please.
12. In the year 1898.
13. Whose is the house?
14. On Sunday December 21st.
15. Juan decided to return to Spain.
16. He asked for cutlets and vegetables.
17. All those who live in this town.
18. The woman whose daughters work in the hotel.
19. He died on January 15th 1957.
20. They arrived after five weeks.

(b) Study carefully for meaning, then practise reading aloud in Spanish:

1. Me lo pidió el miércoles pasado.
2. Nadie sabe todavía los detalles.
3. Lo harán el martes por la tarde.
4. Describe la aldea en que vivíamos.
5. Murió el rey Felipe segundo en 1598.
6. La madre de mi amigo es francesa.
7. Siempre hacía cuanto podía.
8. ¡Camarero! La cuenta, por favor.
9. Hijo de un pescador pobre, nació en el año 1832.
10. El sábado veintiuno de diciembre.
11. A principios de julio.
12. No era la primera vez que veía a esta chica.
13. ¿Qué pasó cuando llegó el médico?

14. Veían edificios antiguos a cada lado de la calle.
15. ¿Cuánto cuesta? A ver—375 pesetas.
16. ¡Qué catástrofe! Nos falta gasolina.
17. No quiero bailar ahora. Me duele la cabeza.
18. Lo haremos esta tarde.
19. Quiero presentarte a mi amiga Conchita.
20. Salió sin decir nada al propietario.

(c) Give the Spanish for:

1. A winter's morning.
2. On Tuesday October 5th.
3. Last Friday.
4. Next Monday.
5. An autumn day.
6. After writing his book.
7. The second house.
8. The last time.
9. I will see you on Sunday.
10. The sixth daughter.

(d) Give the first and third persons singular and plural of the Past Historic of:

haber   ser   tener   andar   ir   estar

3. *General revision.*

Give the Spanish for:

1. My father is a doctor.
2. We have not seen your sister.
3. He has no coffee.
4. The oldest house in the town.
5. He reads the newspaper.
6. Not far from the church.
7. Seeing is believing.
8. What a man!
9. A Spanish wife.
10. His father is older than Uncle Pedro.
11. He gives it to him.
12. He is buying it.
13. I have more than five hundred pesetas.
14. He is too old to work.
15. Where are your brothers?
16. Another sister.
17. His wife is English, isn't she?
18. This book is mine.
19. Most of the children.
20. She is hard-working.
21. The best house.
22. A friend of mine.
23. She is tired.
24. What a mad idea!
25. They give it to us.

Chapter 16
EL NOVIAZGO DE MANUEL

Manuel acababa de llegar a la casa de su novia Isabel para pedir su mano. La madre de Isabel le encontró en la puerta.

—Lo siento mucho— dijo Manuel —pero he tenido que traer a mi perro. No puedo dejarlo solo en casa porque muerde todos los muebles. Le gustan sobre todo las mesas y las alfombras.

La madre de Isabel le miró ansiosamente. Manuel siguió hablando:

—Pero le aseguro que no le molestará.

Y, para dar prueba de su amistad, el perro meneó la cola, y ofreció una pata sucia a la madre. Vaciló un momento la señora, entonces invitó a Manuel a entrar.

Se sentaron todos en la sala y mientras hablaban Manuel, Isabel y los padres, el perro estaba muy aburrido. Quiso empezar a morder la alfombra que le parecía de mejor calidad, pero la madre siempre le vigilaba.

Entonces no pudo contenerse de gozo. ¡Una gata elegante acababa de entrar en la sala! Era Josefina, la gata querida y mimada de la madre. Con un ladrido de alegría, el perro se arrojó hacia Josefina. La gata, aterrada, huyó. Desde el piso principal, se oían histéricos ladridos de alegría. Todos corrieron al piso principal y allí encontraron a la gata encima de una mesa porque el perro trataba de cogerla.

La madre estaba muy enfadada. Manuel se disculpó, prometiendo que el perro nunca lo haría otra vez, pero la situación era muy delicada. Todos bajaron al comedor y, poco después, cenaban en silencio. De repente se oyó el mismo ruido. La madre estaba segura de que el perro iba a matar a Josefina. Todos corrieron al piso principal pero esta vez, al entrar en el dormitorio, encontraron a un ladrón. Inmediatamente Manuel y el padre de Isabel cogieron al hombre. ¡El ladrón tenía en una maleta todas las joyas de la madre!

Entonces la madre perdonó al perro y consintió también en el matrimonio. Y así, unos meses después, se casaron Isabel y Manuel y vivieron muy felices.

VOCABULARY

aburrido   bored
la alfombra   carpet
la amistad   friendship
ansiosamente   anxiously
arrojarse   to rush, hurl oneself
asegurar   to assure
así   so, thus
casarse (con)   to marry
consentir (ie -i)   to consent
contener   to contain
disculparse (de)   to apologise (for)
elegante   elegant, smart
feliz   happy
la gata   cat
el gozo   joy
huir   to flee
invitar   to invite
el ladrido   bark

matar   to kill
menear   to wag
mimado   spoilt
molestar   to bother
morder (ue)   to bite
el mueble   piece of furniture
el noviazgo   engagement
la novia   fiancée, girl friend
la pata   paw, foot (animal)
perdonar   to pardon
prometer   to promise
la prueba   proof
de repente   suddenly
seguro   sure
sobre todo   especially
sucio   dirty
vigilar   to watch

Answer in Spanish the following questions:

1. ¿Por qué visitaba Manuel la casa de Isabel?
2. ¿Por qué tuvo que traer a su perro?
3. ¿Por qué meneó la cola el perro?

4. ¿Por qué estaba aburrido el perro?
5. ¿Por qué no pudo contenerse de gozo?
6. ¿Por qué huyó Josefina?
7. ¿Por qué estaba enfadada la madre?
8. ¿Qué prometió Manuel?
9. ¿Qué tenía en la maleta el ladrón?
10. ¿Por qué perdonó la madre al perro?

CONVERSATION PRACTICE:
EN EL PISO DE ISABEL Y MANUEL

ISABEL; MANUEL

ISABEL: ¡Qué piso más bonito!
MANUEL: Sí, querida, y aquí viviremos muy felices.
ISABEL: Todo es muy cómodo y moderno.
MANUEL: Y los muebles son los mejores.
ISABEL: Me gusta especialmente la alfombra de la sala de estar.
MANUEL: Es una alfombra turca. Me la regaló tío Carlos.
ISABEL: Es muy bonita.
MANUEL: Tío Carlos es marino y siempre nos trae regalos de los países que ha visitado.
ISABEL: Debe de ser un hombre muy simpático.
MANUEL: Sí, y yo soy su sobrino favorito.
   (*Entran en la sala*)
ISABEL: ¡Ay! ¡Mira la alfombra!
MANUEL: ¿Qué ha pasado?
ISABEL: ¡Está estropeada! ¡El perro la ha mordido en una esquina!
MANUEL: No puedo comprenderlo. Esta mañana le di un hueso enorme.
ISABEL: Siempre prefiere morder las alfombras.

el sobrino nephew		**¡Ay!** Alas, oh!	
turco Turkish		**estropeado** ruined	
¡Mira! Look (at)!		**la esquina** corner	
el marino sailor			

GRAMMAR

(16a) *Lo* with adjectives and pronouns

Neuter *lo* has the meaning of "that which is". Note the form *lo mío* "what (that which) is mine". *Lo* has a similar meaning with an adjective.

Lo importante es quedarse tranquilo
The important thing (that which is important) is to keep calm
Lo bello y lo feo   beauty and ugliness
Lo hecho, hecho   What has been done, has been done

Note also the idiomatic forms:

¡*Vd. no sabe lo agradable que es*!
You don't know how pleasant it is!
No me dijo lo feas que eran sus hermanas
He did not tell me how ugly his sisters were

(16b) **The Present Infinitive**

(i) The Present Infinitive can sometimes be used as a noun.
El trabajar es noble   (To) work is noble (or *Es noble trabajar*)

Note especially:

Su bienestar   his well-being
Los seres humanos   human beings
Su deber   his duty
A mi parecer   in my opinion

(ii) The Infinitive is used to translate *-ing* after prepositions:

Sin ser visto   Without being seen
Antes de empezar   Before starting
Cansado de trabajar   Tired of working
Además de ser inteligente   Besides being intelligent

(iii) English "on" with Present Participle is translated by *al* with Infinitive:

Al verme   On seeing me
Al entrar en la casa   On entering the house

(16c) **Past Historic of irregular verbs**

poder, to be able	*poner*, to put	*querer*, to like, love, wish
pude	puse	quise
pudiste	pusiste	quisiste
pudo	puso	quiso
pudimos	pusimos	quisimos
pudisteis	pusisteis	quisisteis
pudieron	pusieron	quisieron

saber, to know	*venir*, to come
supe	vine
supiste	viniste
supo	vino
supimos	vinimos
supisteis	vinisteis
supieron	vinieron

126

(16d) Certain verbs have a slightly different shade of meaning depending on whether they are used in the Imperfect or Past Historic.

Imperfect

sabía	he knew (circumstance)
podía	he was able (in a position to)
conocía	he knew (was acquainted with)

Past Historic

supo	he learnt, realised
pudo	he managed (implies action)
conoció	he met, made the acquaintance

(16e) *Sentir* (*ie*), *to feel*; *sentarse* (*ie*), *to sit down*

Do not confuse these verbs in the following tenses.

	Sentir		*Sentarse*	
Present	*siento*	I feel	*me siento*	I sit down
	siente	he feels	*se sienta*	he sits down
Past Historic	*sintió*	he felt	*se sentó*	he sat down
	sintieron	they felt	*se sentaron*	they sat down

Note also:

se sintió enfermo	he felt ill
lo siento mucho	I am very sorry
me siento en ridículo	I feel ridiculous

EXERCISES

1. Study carefully for meaning, then read aloud in Spanish:

1. Salió sin ser visto por el policía.
2. Lo peor de todo es que no puede venir.
3. María va a dármelo.
4. No sabían lo interesante que era mi libro.
5. Al verme entrar en la cocina, todos se levantaron.
6. Cuando supo la noticia, salió en seguida.
7. Lo más importante es trabajar mucho.
8. Prometió hacerlo otra vez.
9. Hacía todo lo posible.
10. No conocían a mis padres.

2. Give the first and third persons singular and plural of the Past Historic of:

venir   sentir   poner   poder   sentarse   saber   querer

3. Form as many sentences as possible, choosing a word or words from each group:

A	B	B continued	C
No comprende	lo absurdo	lo grave	de lo que dice
No sabe	lo extraordinario	lo cómico	de la situación
	lo curioso		

4. Form 12 sentences from:

A	B	C
La madre	acababa de entrar	una pata sucia
El perro	mis amigos	la cola
Se sentaron	consintió en	la visita
El padre	le ofreció	en la sala
	meneó	la idea
		el matrimonio

5. Turn into Spanish:

1. He liked grapes and pears.
2. They invited us to come in.
3. While they were talking, the child was very bored.
4. They have not yet given it to him.
5. I went up to the bedroom on the first floor.
6. "I am very sorry," he said (dijo), "but I have found nothing."
7. On seeing us, he asked for some money.
8. Suddenly a terrible noise was heard.
9. He apologized when he arrived at half past eight.
10. I assure you that he will not do it again.
11. Before starting to work, he asked me to sit down.
12. He said he was tired of waiting.
13. On leaving the café, he met two friends in the street.
14. They consented to the wedding (en el matrimonio).
15. She is (looking) very pale today.

6. Turn into Spanish:

One day Manuel went into Isabel's house to meet[1] her family. He arrived at half past nine. On entering[2] the sitting room, he sat down and drank a glass of wine with her parents. Then, at ten o'clock, they entered[2] the dining-room where they were going to have supper[3].

Suddenly they heard a loud noise. Isabel's mother was[4] certain that Manuel's dog was trying to catch her cat. They all ran[5] to the first floor. On opening the door of the bedroom, they found[1] a thief who was trying to get out through the window.

The dog had seized the thief's trousers[6], so[7] he could not get out. At once Manuel and Isabel's father seized the man and took him to the police station. He had put all their jewels in a suitcase.

1. Personal *a*. 2. *Entrar* takes *en* with an object. 3. To have supper = *cenar*.
4. *Ser* or *estar*? 5. They all ran = all ran. 6. Singular. 7. so = so that = *de modo que*.

7. Write a free composition of not more than 150 words using the following outline. Use the past tenses as appropriate.

Un ladrón en la casa

1. Tía María pasando unos días en nuestra casa—es muy rica—estamos hablando en la sala—Tía María sube al piso principal.
2. Grito de terror—subimos la escalera—Tía María está muy pálida— entramos en su dormitorio—un ladrón.
3. El ladrón se escapa—bajamos rápidamante—salimos a la calle—no vemos nada—ladridos furiosos—¡el perro de Manuel lo ha cogido!

Chapter 17
CARLOS VA A UNA CORRIDA

CARLOS nunca había ido a una corrida, lo que no nos sorprende porque era americano, es decir, venía de Sud-América, de Chile, donde están prohibidas las corridas.

Por ser más barata, sacó una entrada para una localidad de sol, aunque hacía mucho calor. Se sentó y poco después empezó la corrida.

Un enorme toro negro apareció, echando fuego por los ojos. Se arrojó hacia tres hombres de la cuadrilla, los cuales corrieron inmediatamente a refugiarse detrás de la barrera. Entonces aparecieron los hombres que tenían que poner dos banderillas en el cuello del desafortunado toro, después de lo cual, ellos también se refugiaron detrás de la barrera.

Cuando llegó el torero, todos gritaron de entusiasmo, y en muy poco tiempo, mató el toro sin aparente esfuerzo. Entonces saludó al público y las chicas le echaron flores.

Carlos estaba sentado entre dos obreros que discutían con mucho calor acerca de cierto torero llamado Miguel. Inclinados sobre Carlos, gritaban, el uno al otro y, de vez en cuando, uno de ellos, desesperado de la estupidez del otro, alzaba las manos al cielo. Olían a ajo y a vino y a veces le preguntaban a Carlos su opinión o le ofrecían cigarrillos o vino.

El segundo torero no era tan bueno. De repente cayó bajo las patas del toro. Toda la gente se levantó con un grito de terror. La cuadrilla salió inmediatamente y muy hábilmente lograron salvar al torero y llevarle al médico.

Poco después el torero apareció de nuevo y toda la gente gritó de entusiasmo al ver su valor. El pobre torero estaba más pálido que un muerto y, aun así, trataba de sonreir al público.

Pero poco después Carlos decidió que había visto bastante y así volvió a su hotel.

VOCABULARY

a veces at times
acerca de about
el ajo garlic
alzar to raise
americano (South) American
aparecer to appear
aunque although
la banderilla dart (used in bull-fighting)
la barrera barricade
correr to run
la corrida bullfight
la cuadrilla team (in bullfighting)
el cuello neck
desesperar (**se**) to despair
discutir to argue, discuss
echar fuego por los ojos to glare
la entrada entrance, ticket
el entusiasmo enthusiasm

el esfuerzo effort
la estupidez stupidity
el fuego fire
hábilmente cleverly
inclinado leaning
la localidad seat; **localidad de sol** seat in the sun
lograr to succeed (in)
el médico doctor
nuevo new; **de nuevo** again
el obrero workman
oler (**a**) to smell (of)
la opinión opinion
prohibido forbidden
refugiarse to take refuge
salvar to save
la sangre blood
el valor bravery, value

Answer in Spanish the following questions:

1. ¿Por qué nunca había visto Carlos una corrida?
2. ¿Por qué sacó una localidad de sol?
3. ¿Qué pasó cuando llegó el primer torero?
4. ¿Qué hizo el torero?
5. ¿Qué hacían los dos obreros que estaban a cada lado de Carlos?

6. ¿Qué habían comido y bebido?
7. ¿Qué le ofrecieron a Carlos?
8. ¿Por qué cayó el segundo torero?
9. ¿Qué hizo la cuadrilla del segundo torero?
10. ¿Por qué no le gustó a Carlos la corrida?

CONVERSATION PRACTICE:
UNA VISITA A UNA CORRIDA

CARLOS; FEDERICO

FEDERICO: Allí está la plaza de toros. ¿Quiere Vd. una localidad de sol o de sombra?

CARLOS: ¿Cuál resulta más barata?

FEDERICO: Una localidad de sol.

CARLOS: Pero hace un calor tremendo al sol.

FEDERICO: Entonces sacaremos una de sombra.

CARLOS: Ya salen las cuadrillas. ¡Qué grito de entusiasmo!

FEDERICO: Ya sale el toro, echando fuego por los ojos. Parece de muy mal humor.

CARLOS: ¿Por qué escapa la cuadrilla tan rápidamente a la barrera?

FEDERICO: Vd. haría lo mismo con un toro tan bravo como éste.

CARLOS: No tiene Vd. razón. Yo escaparía mucho más de prisa.

FEDERICO: Ya sale el torero. Parece muy tranquilo.

CARLOS: El toro se arroja hacia él. ¿Por qué no tiene miedo?

FEDERICO: No le importa nada. Dentro de un momento matará el toro sin aparente esfuerzo.

CARLOS: Ya hace unos pases estupendos.

FEDERICO: Ya viene el momento más importante. ¡Ah, bueno! ¡Lo ha matado inmediatamente!

la plaza de toros bullring	**el pase** pass (bullfighting)
bravo ferocious (bulls)	**estupendo** wonderful

GRAMMAR

(17a) **Weather. Idioms with** *hacer*

¿Qué tiempo hace hoy?   What sort of weather is it today?
Hace mal tiempo   The weather is bad
Hace buen tiempo   The weather is good
Hace calor   It is hot
Hace un calor tremendo   It is terribly hot

132

Hará frío It will be cold
Hará un frío insoportable It will be intolerably cold
Hace fresco It is cool
Hace mucho viento It is very windy
Hace sol It is sunny

But note:

Siempre hay niebla en el invierno It is always foggy in winter

(17b) *Llover (ue)*, to rain

Llueve, está lloviendo It is raining
Llovió mucho ayer It rained a good deal yesterday
Lloverá esta tarde It will rain this evening
Llover a cántaros (a chorros) To rain cats and dogs, to bucket down

Likewise: *nevar (ie)*, to snow; *helar (ie)*, to freeze.

(17c) **Passive voice**

The Spanish passive can be expressed in three ways:

(1) *Ser* with the Past Participle, as in rule (4b) when emphasis is laid on *action*. (*Estar* is used with the Past Participle to stress the *condition* or *state*.)

(2) The reflexive.

(3) The impersonal use of the third person plural.

(i) *El hombre fue visto por mi hermano*
The man was seen by my brother
Su madre era amada de toda su familia
His mother was loved by all her family

"By" is translated by *por*, but after verbs expressing thought or feeling, *de* is used. The following are also used with *de*:

rodeado de surrounded by   *seguido de* followed by
acompañado de accompanied by   *precedido de* preceded by

Ser with the Past Participle is used when there is an agent.

Fue construido por un arquitecto francés It was built by a French architect

Otherwise Spanish tends to avoid the passive and to use the reflexive or third person plural.

(ii) The reflexive passive is used in the third person.

El cine se cierra a las dos The cinema is closed at two o'clock
Aquí se habla inglés English is spoken here
La sala se llena de gente The room is filling with people

The reflexive passive may be used with the singular verb, when *se* becomes similar to "one", "you," "they":

Se dice it is said
Se le ve he is seen   (*se ve* he sees himself)
Se cree it is believed
No se sabe nunca you never know, it is never known

Occasionally *uno* is found for "one" (or "I" in some cases):

Uno se levanta a las siete   One gets up at seven

(iii) The third person plural is often a convenient way of forming the passive:

Dicen que está muy enfermo
They say (it is said) that he is very ill
Nos han visto   We have been seen (they have seen us)
Cerraron en seguida las ventanas   The windows were closed at once

(iv) Do not confuse the reflexive passive with the genuine reflexive:

Le mataron or *fue matado*   He was killed
Se mató   He killed himself

(17d) **Infinitive with *por* translating "because"**

Por estar tan cansado, no quiere venir
Because he is (through being) so tired, he doesn't want to come
Por ser tan rico, puede hacer tales cosas
Because he is so rich, he can do such things

(17e) **Past Historic of irregular verbs**

caer, to fall	*dar*, to give	*ver*, to see	*hacer*, to do, make
caí	*di*	*vi*	*hice*
caíste	*diste*	*viste*	*hiciste*
cayó	*dio*	*vio*	*hizo*
caímos	*dimos*	*vimos*	*hicimos*
caísteis	*disteis*	*visteis*	*hicisteis*
cayeron	*dieron*	*vieron*	*hicieron*

EXERCISES

1. Form as many sentences as possible, using words from each group.

A	B	C
Hoy	está lloviendo	buen tiempo
Esta tarde	hace	sol
		mucho
		frío
		fresco
		un calor tremendo
		a cántaros

Form sentences re-arranging the following in logical order:

A	B	C
En Inglaterra	se habla	alemán
En España		portugués
En los Estados Unidos (U.S.)		ruso
		francés
En Sud-América		italiano
En Alemania		inglés
En Italia		español
En el Portugal		
Aquí		
En Rusia		
En Francia		
En el Brasil		
En Méjico		

2. Study carefully for meaning, then read aloud in Spanish:

1. No se sabe nunca.
2. Dicen que vendrá esta noche.
3. Por ser tan pobre, nunca podía hacer nada.
4. Se cree que es americano.
5. Llovía a cántaros cuando llegamos.
6. Por estar tan enferma, no podrá hacerlo.
7. La iglesia se llenaba de gente.
8. Su madre salió, seguida de la criada.
9. Además de ser de mala calidad, no es barato.
10. No quiso volver a hacerlo.

3. Give the Spanish for:

1. María was sitting (seated) between her two brothers.
2. What was the weather (like) in Valencia?
3. It was cold and very windy.
4. Carlos did not like to drink so much wine.
5. English is spoken here.
6. We saw Conchita, surrounded by many friends.
7. He did it without apparent effort.
8. The shops shut (cerrarse) at seven o'clock.
9. The thief was seen by the policeman.
10. An enormous black car appeared.
11. They say she was loved by everyone.
12. The workmen smelt of garlic.
13. She went to the cinema, accompanied by her father.
14. We have not been seen yet.
15. Everybody got up.

4. Give the first and third persons singular and plural of the Past Historic of:

hacer   caer   dar   ver   dormir   seguir

5. Turn into Spanish:

Pedro: It is very hot today. What shall we do this evening?

Carlos: I would like[1] to go and see a bullfight.

Pedro: Have you ever seen a bullfight?

Carlos: No. I live in Chile where bullfights are[2] forbidden.

Pedro: Many Spaniards don't like[3] bullfights either, but I like to see[4] a famous bullfighter in the ring.

Carlos: Do you think bullfights are[5] cruel?

Pedro: No. If the bullfighter is good, he kills the bull immediately.

Carlos: What happens then?

Pedro: Then he salutes[4] the public and everybody shouts with[6] enthusiasm.

Carlos: Have you ever seen[4] anybody killed in the ring?

Pedro: No, but I once saw a[4] bullfighter fall[7] under the feet[8] of a bull.

Carlos: Was[9] he badly hurt?

Pedro: No. Four men managed to save him[10] and carry him off to the doctor.

1. *Gustar* Rule (9c) Page 72. 2. *Estar* for state. 3. Translate "not to them are pleasing to many Spaniards". 4. Don't forget personal *a*. 5. *Ser* for an inherent characteristic. 6. *de.* 7. *caer* or *que cayó.* 8. *Las patas.* 9. *fue* (action) plus Past Participle. 10. See Rule (7b) note (iii) page 56 for word order.

6. Write a free composition of not more than 150 words using the following outline. Use the past tenses as appropriate.

Un episodio peligroso

1. Carlos decide ir a la corrida—mucho calor—se acerca a la plaza de toros—mucha gente—va a sacar una localidad—grito de terror.

2. Un toro se ha escapado—se para en el centro de la calle—todo el mundo está estupefacto—entonces todos corren hacia las casas.

3. Carlos ve una escalera—sube rápidamente—el toro llega un instante más tarde—echando fuego por los ojos—unos hombres aparecen—matan el toro.

Chapter 18

EN EL DESPACHO DEL SEÑOR IBÁÑEZ

AYER el señor Ibáñez pasó un día ocupadísimo en su despacho, de modo que, cuando hubo terminado su trabajo, estaba muy cansado.

El señor Ibáñez es el director de una compañía de importación y exportación que tiene su despacho en la calle del Duque de Rivas en el barrio comercial. Ayer su secretaria estaba enferma y otra mecanógrafa tuvo que hacer su trabajo. Pero la pobre chica no estaba acostumbrada ni al trabajo del despacho ni a los métodos del señor Ibáñez.

Al principio el teléfono no cesaba de sonar. Un hombre decía que le habían enviado paquetes grandes de clavos pequeños cuando él había pedido paquetes pequeños de clavos grandes. Después de una larga discusión, este hombre se dio cuenta de que había llamado a un número equivocado.

Entonces llegó una carta de un cliente de Londres, el cual se quejaba amargamente de que una consignación de naranjas había sido estropeada por el agua del mar. Había rehusado aceptar la consignación y si la compañía no le daba satisfacción completa a vuelta de correo . . . el señor Ibáñez suspiró y puso la carta a un lado.

A las cinco de la tarde, el socio del señor Ibáñez volvió al despacho después de haber comido con un cliente importante en el mejor restaurante de la ciudad. Había comido muy bien y estaba muy elocuente. Le dijo al señor Ibáñez que estaba seguro de que este cliente les enviaría luego un pedido importante.

—Así lo espero—contestó cortésmente el señor Ibáñez. Poco después se oía al socio del señor Ibáñez roncando tranquilamente en su despacho.

El señor Ibáñez salió del despacho a la hora de la congestión máxima cuando parecía que todo el mundo corría hacia el Metro. Hacía un calor tremendo y los trenes estaban de bote en bote. Cuando el tren iba hacia su barrio, el señor Ibáñez se dio cuenta de que no había escrito al cliente de Londres.

—No importa—dijo para sí. —Lo haré mañana.

VOCABULARY

acostumbrado accustomed
amargamente bitterly
ayer yesterday
el barrio...suburb
bote; de bote en bote very full, jammed
cansado tired
el clavo nail
completo complete
congestión máxima: la hora de rush hour
la consignación consignment
enfermo ill
equivocado wrong, mistaken
la exportación export
la importación import

llamar por teléfono to phone
la mecanógrafa typist
el método method
el Metro Underground
la oficina office
ocupadísimo very busy (*-ísimo* = very)
el pedido order
quejarse complain
rehusar to refuse
la secretaria secretary
el socio partner
sonar (ue) to ring, sound
a vuelta de correo by return of post

Answer in Spanish the following questions:

1. ¿Por qué estaba muy cansado ayer el señor Ibáñez?
2. ¿Cuál es el trabajo del señor Ibáñez?
3. ¿Por qué no estaba ayer en el despacho la secretaria?
4. ¿Por qué no trabajó tan bien la otra mecanógrafa?
5. ¿De qué se quejaba el cliente de Londres?
6. ¿Qué había hecho este cliente?

7. ¿Qué había hecho el socio del señor Ibáñez?
8. ¿Qué hacía su socio poco después de entrar en su despacho?
9. ¿De qué se dio cuenta el señor Ibáñez cuando estaba en el tren?
10. ¿Qué decidió hacer?

CONVERSATION PRACTICE:
UN CLIENTE IMPORTANTE

La secretaria; El señor Ibáñez

SECRETARIA: El señor Ramírez quiere verle, señor.
IBÁÑEZ: Estoy muy ocupado. No puedo verle ahora.
SECRETARIA: Muy bien, señor.
IBÁÑEZ: ¿Quién es?
SECRETARIA: Es el director de la casa Ramírez de Sevilla.
IBÁÑEZ: ¡De Sevilla! ¿De qué se trata?
SECRETARIA: Se trata del pedido de artículos de cuero. Dice que es muy importante.
IBÁÑEZ: Ah. Sí. Recibimos ayer una carta de esa compañía.
SECRETARIA: Estaban muy enfadados. ¿Quiere Vd. leer otra vez la carta de ayer?
IBÁÑEZ: No, gracias. Me acuerdo de todos los detalles.
SECRETARIA: El señor Ramírez es el director de la compañía.
IBÁÑEZ: En ese caso, más vale dejarle pasar.
SECRETARIA: Sí, señor. ¿Quiere Vd. invitarle a comer en un restaurante?
IBÁÑEZ: Sí. Con una buena comida se sentirá mejor.
SECRETARIA: ¿A qué restaurante quiere Vd. ir?
IBÁÑEZ: Iremos al restaurante en la calle Juan Pérez.
SECRETARIA: Muy bien, señor. Voy a telefonear para reservar una mesa para dos.

los artículos de cuero leather goods
el detalle detail
pasar to enter, come in; **pasar** also means
 to happen, pass, spend (time)

GRAMMAR

(18a) *Por* and *para*

Both these words mean "for". They are used in various idioms which should be carefully noted. *Por* also means:

through   *por la ciudad*   through the city

along	*por la calle*	along the street
by	*hecho por mi hijo*	done by my son
	por avión	by air

Por is used as *for* in the following cases:

in **exchange** for

Lo vendió por veinte pesetas   He sold it for twenty pesetas

on **account** of, **because** of

Estaba en la cárcel por haber robado el dinero
He was in prison for stealing the money

for the **sake** of

Lo hace siempre por su madre   He always does it for his mother

on **behalf** of

Peleamos por la libertad   We fight for liberty

for (time)

Habló por una hora   He spoke for one hour

in **search** of

Fue por un médico   He went for a doctor

Note also:

Gana mil pesetas por semana
He earns a thousand pesetas a (per) week
Le pagaron el cincuenta por ciento   They paid him fifty per cent
Por primera vez   for the first time
Por la mañana (tarde)   in the morning (afternoon, evening)
Por supuesto   of course
Por consiguiente   in consequence
Por ejemplo   for example

Para is used as "for" in the following cases:

Purpose (in order to)

Para llegar allí   In order to arrive there

Destination, "intended for"

Sale para Londres hoy   He sets out for London today
Este libro es para mi hijo   This book is for my son

"**Until**"

Lo dejó para el último momento   He left it until the last moment

"**Only to**"

Se escapó de la cárcel para ser capturado al día siguiente
He escaped from prison only to be captured the next day

Note also:

Es demasiado (muy) viejo para trabajar   He is too old to work

Lo dice para sí He says it to himself
Tiene bastante para comprarlo He has enough to buy it
Estar para to be about to
Mi amigo está para salir My friend is about to leave
Estar por to be in favour of, to remain to be (plus Infinitive)
Dice que es por el Presidente
He says he is in favour of the President
La carta está (or *queda*) *por escribir* The letter remains to be written
Esta gran pintura está (or *queda*) *por pintar*
This great picture remains to be painted

(18b) **Past Historic of irregular verbs**

traer, to bring	*conducir*, to lead	*decir*, to say
traje	*conduje*	*dije*
trajiste	*condujiste*	*dijiste*
trajo	*condujo*	*dijo*
trajimos	*condujimos*	*dijimos*
trajisteis	*condujisteis*	*dijisteis*
trajeron	*condujeron*	*dijeron*

EXERCISES

1. Practice with *por* and *para*.

Form as many sentences as possible, using words from each group.

A	B	C
Por: *in exchange for*		
Lo compró	por	ciento cincuenta pesetas
Lo vendió		doscientas treinta y cinco pesetas
		quinientas pesetas
		novecientas pesetas
Por: *on account of, because of*		
Estaba en la cárcel	por	haber matado al hombre
		haber robado el dinero
		haber hecho tal cosa
		haber abandonado a su familia
		haber vendido su pasaporte
		haber insultado al policía
Por: *for the sake of*		
Lo hizo	por	su novia
		mi padre
		tío Carlos
		ella
		el señor Contreras
		nosotros
		nuestra abuela
		la bonita chica
		su mujer

A	B	C
Por: *for (time)*		
Trabajé allí	por	seis meses
Estudió		quince semanas
		muchas horas
		cuatro días
Por: *in search of*		
Fue	por	su hija
Van		el gerente
		tía María
		el médico
		un policía
		su mujer
		los niños
Por: *meaning per = a, an*		
Gana setecientas pesetas	por	día
Cuesta mil pesetas		hora
Nos pagan mil quinientas		mes
pesetas		semana
		año
Por: *meaning during, in*		
Duermen	por	la mañana
Trabajan		la tarde
Estudiamos		la noche
Por: *meaning through*		
Viajamos	por	Europa
Pasamos		Inglaterra
		Sud-América
		la ciudad
Para: *purpose (in order to)*		
Se levanta a las seis de	para	limpiar la casa
la mañana		estudiar
		ganar más dinero
		ayudar a su madre
		vender periódicos
		bañarse en el mar
		leer su libro
		ir al mercado
		ir a la estación
Para: *destination*		
Salgo mañana	para	Londres
Salen hoy		la ciudad
		la finca de tío Carlos
		Sud-América
		Los Estados Unidos
		Alemania

A	B	C

Para: *destination (i.e. intended for)*

Este regalo es	para	ti
Este libro es		Juan
		mi madre
		la criada
		el gerente
		nosotros

Para: *with too . . . to*

Es demasiado viejo	para	trabajar
Mi hermano está demasiado		ir solo
enfermo		conducir el coche
Es demasiado joven		guisar la comida

Now repeat the same exercise, using *muy* in place of *demasiado*.

2. Study carefully for meaning, and then read aloud in Spanish:
   1. Estudiaba para médico.
   2. Lo dijo para sí.
   3. Sale para Londres, pasando por París.
   4. Por ejemplo, lo dejaba siempre para el último momento.
   5. Mi madre estaba para ir a la iglesia.
   6. Dormimos por la tarde.
   7. Se fue de su casa para volver al día siguiente.
   8. El director me pagó el quince por ciento.
   9. Para llegar allí, tendrá Vd. que tomar la tercera calle a la derecha.
   10. Ese gran libro queda por escribir.

3. Turn into Spanish:
   1. Señor Pérez is very busy and cannot come now.
   2. When they went out, it started to rain.
   3. I spoke to him for the first time yesterday.
   4. On seeing us enter the office, the secretary came towards us (hacia nosotros).
   5. He remembered all the details of the letter.
   6. When they left, we went to bed.
   7. We have just received a letter from a customer in London.
   8. He asked him what it was about.
   9. He said he earned five hundred pesetas a day.
   10. In consequence he started speaking louder.
   11. I was about to go and visit Conchita.
   12. He sold it for seven hundred and fifty pesetas.
   13. In the afternoon he refused to do any more.
   14. He is too tired to go out this evening.
   15. The French lady was complaining about the meal.

4. Give the first and third persons singular and plural of the Past Historic of:
   querer dar traer andar ver poder hacer decir venir conducir

143

5. Turn into Spanish:

Señor Ibáñez is the director of a firm which has its office in the business suburb of Segovia. Yesterday he spent a very busy[1] day because his partner was ill. There were many letters and many orders and the phone did not cease[2] ringing all day.

A customer from Seville had written a letter in which he complained[3] bitterly about the leather goods which Señor Ibáñez's firm had sent to him. Another client from London said that he had not yet received the articles which Señor Ibáñez had promised to send him as soon as possible. Then his secretary told him that an important customer had come from Seville. Señor Ibáñez said he was very busy and could not see him at[4] that moment. Later he invited him to lunch in a restaurant.

1. Very busy: *ocupadísimo* or *muy ocupado*.
2. *cesar de* + infinitive.   3. *quejarse*.
4. *en*.

6. Free composition.

Write a free composition of not more than 150 words, using the following outline:

En el restaurante
1. El señor Ibáñez y el señor Ramírez van al restaurante—se sientan—Ramírez muy enfadado—habla severamente—empiezan a comer la sopa.
2. Comen pescado y pollo—comida excelente—siguen hablando—una botella de vino blanco—Ramírez menos enfadado.
3. Beben café y coñac—Ibáñez promete mandar lo más pronto posible los artículos de cuero—Ramírez se alegra—buenos amigos.

Chapter *19*
EL TESORO DE PEPE

EL señor Rodrigo Martínez era profesor en el instituto de un pueblo español cerca del cual había muchas ruinas romanas. Como era aficionado a la historia antigua, siempre hablaba de estas ruinas romanas y un día fue a visitarlas con varios alumnos.

Entre éstos había un chico llamado Pepe quien se entusiasmó tanto que le hacía al profesor muchas preguntas. Así quince días después el profesor condujo a sus alumnos al museo municipal donde el director les mostró muchos objetos romanos—estatuas, monedas y otras muchas cosas que habían hallado.

— ¿Dónde han encontrado estas cosas?—le preguntó Pepe.

—En las ruinas romanas—contestó el director.

Unos días después Pepe fue a ver al señor Martínez y le mostró muchas monedas romanas. El profesor quedó estupefacto.

— ¿Dónde has encontrado estas monedas?

—Las he encontrado cerca de las ruinas romanas. He pasado mucho tiempo excavando y por fin he conseguido hallar estas monedas. ¿Le gustaría comprarlas por cien pesetas?

El señor Martínez vaciló un momento, entonces le pagó cien pesetas y fue a ver al director del museo. Este empezó a examinar las monedas con mucha curiosidad.

— ¿El chico dice que las ha encontrado cerca de las ruinas romanas?

—Sí. Parece que ha estado excavando mucho tiempo allí.

El director volvió a examinar las monedas. Se entusiasmaba cada vez más.

—Es un verdadero tesoro. Son de la época de Julio César. Hay muy pocas de estas monedas en el país y naturalmente éstas tienen mucho valor. Pero lo extraordinario es que tengo en un cajón algunas monedas que son casi iguales que éstas. Voy a mostrárselas.

Y el director fue a abrir el cajón. Volvió al momento. Horrorizado, le dijo al profesor:

— ¡Todas las monedas que estaban en el cajón han desaparecido!

VOCABULARY

el alumno schoolboy	**la moneda** coin
conseguir to succeed	**el museo** museum
la curiosidad curiosity	**el objeto** object
entusiasmarse to become enthusiastic	**por fin** finally
la estatua statue	**la pregunta** question; **hacer preguntas** to ask questions
excavar to dig, excavate	**el profesor** schoolmaster
horrorizado horrified	**quince días** fortnight
igual equal, similar	**la ruina** ruin
el instituto (secondary) school	**el tesoro** treasure
el momento moment; **al momento** immediately	**verdadero** true
	varios various, several

Answer in Spanish the following questions:

1: ¿Quién era el señor Martínez?

2. ¿Cómo sabemos que era aficionado a la historia antigua?

3. ¿Cómo se llamaba el chico que se entusiasmó tanto al visitar las ruinas romanas?

4. ¿A dónde fueron el profesor y los alumnos quince días después?

5. ¿Qué les mostró el director?

6. ¿Qué pasó unos días después de la visita al museo?

7. ¿Dónde, según Pepe, había hallado las monedas?

8. ¿Cuánto dinero pagó el señor Martínez por las monedas?

9. ¿Por qué se entusiasmó tanto el director?
10. ¿Por qué se horrorizó poco tiempo después?

horrorizarse   to be horrified

CONVERSATION PRACTICE:
VISITANDO LAS RUINAS ROMANAS

EL TURISTA; EL EMPLEADO

TURISTA: Me dicen que hay unas ruinas romanas cerca de aquí y que vale la pena visitarlas.
EMPLEADO: Sí, señor. Están a unos diez kilómetros de la ciudad.
TURISTA: ¿Cómo se puede ir allí?
EMPLEADO: Hay un autobús que sale a las once y media.
TURISTA: ¿Y va directamente al sitio de las ruinas romanas?
EMPLEADO: No, señor. El coche va por la carretera hasta la aldea de Cavancha. Tendrá Vd. que bajar allí y seguir a pie.
TURISTA: ¿Está lejos de la aldea?
EMPLEADO: No, señor. No más que dos kilómetros.
TURISTA: ¿No se puede ir allí en taxi?
EMPLEADO: Sí, señor. Pero resulta mucho más caro.
TURISTA: Entonces iré en el autobús. ¿De dónde sale?
EMPLEADO: Sale de la calle Pizarro.
TURISTA: Gracias. Iré allá mañana.
EMPLEADO: Si le interesan estas cosas, tenemos un museo en la Plaza Cervantes. El director ha pasado mucho tiempo excavando en las ruinas y sin duda él podría darle detalles interesantes.

vale la pena   it is worth while (the trouble)

el autobús   bus
la carretera   (main) road

GRAMMAR

(19a) **Verbs used with the Infinitive**
Some Spanish verbs take a preposition before the Infinitive. The best way to remember these verbs and prepositions is to memorize an entire phrase. However, the following common verbs need *no* preposition before the Infinitive:

Deber   *Vd. no debe hacerlo*   You ought not to do it
Conseguir   *Consiguió llegar a tiempo*
                 He succeeded in arriving on time
Lograr   *No logró venir*   He did not succeed in coming
Poder   *No pueden vernos*   They can't see us

147

Querer	*Quería hacerse médico* He wanted to become a doctor
Intentar	*Intentaban comprar un coche* They were trying to buy a car
Rehusar	*Rehusaron obedecer* They refused to obey
Dejar	*No me dejó pasar* He did not let me pass (go in)
Prohibir	*Prohibido fumar* (It is) forbidden to smoke
Mandar	*Nos mandó salir* He ordered us to leave
Ordenar	*Le ordenaron abrir la maleta*
	They ordered him to open the suitcase
Decidir	*Decidió hacerlo inmediatamente*
	He decided to do it immediately
Prometer	*Prometió venir a vernos*
	He promised to come and see us
Pensar (to intend)	*Piensa ir a España* He intends to go to Spain

(19b) **Verbs taking *a* with the Infinitive**

   (i) Verbs of **motion** (*venir, ir, correr, subir, salir*, etc.)
  (ii) Verbs of **teaching** and **learning** (*enseñar, aprender*)
 (iii) Verbs of **beginning** (*empezar, comenzar, principiar, ponerse a, echar a*)

(i) *Fue a verlos* He went and saw them
   Viene a hacerlo He is coming to do it
   Corrió a abrir la puerta He ran to open the door

(ii) *Nos enseña a bailar* He is teaching us to dance
   Aprendemos a guisar We are learning to cook

(iii) *Empezó a llover* It began to rain
   Comenzó a escribir He began to write

Seguir takes the Gerund.

   Siguió hablando He continued to talk, went on talking

(19c) **The following verbs also take *a* before the infinitive:**

Disponerse a	*Se disponía a trabajar* He was getting ready to work
Dedicarse a	*Se dedica a trabajar para los pobres*
	He dedicates himself to working for the poor
Ayudar a	*La ayudó a encontrarlo* He helped her to find it
Convidar a	*Nos han convidado a beber una taza de café*
	They have invited us to drink a cup of coffee
Invitar a	*Me invitaron a hacerlo* They invited me to do it
Forzar a	*Le forzaron a salir* They forced him to go out

(19d) "To decide" may be *decidir* or *decidirse a*.

(19e) Note the word order in:

   Otras muchas cosas Many other things

EXERCISES

1. Form as many sentences as possible, but use *a* only where necessary.

A	B	C
Comenzó	(a)	trabajar
A mí me gusta		comer
Nos ordenaron		hacerlo
Rehusaron		
Quiso		
Ha venido		
Los prohibió		
No podrá		
Empezaron		
Se disponía		
No la dejé		
Me forzó		
Principió		
Intentaron		

2. Revise Rules (7b) note iii, page 56 and (10f) pages 80–81.

Give the Spanish for:

1. We help them to do it.
2. He ordered me to stay here.
3. They are learning to paint.
4. He decided to see us.
5. We do not like to refuse.
6. He wanted to hear what I was saying.
7. They began to smoke.
8. We cannot come.
9. He refused to explain it to him.
10. He tried to do it.
11. He forbade me to come.
12. I did not allow her to smoke.
13. They were getting ready to go.
14. He began to read the book.
15. They tried to explain it to me.

3. Form as many sentences as possible, but use *a* only where necessary.

A	B	C
Aprendemos	(a)	guisar la comida
Debemos		escribiendo
Consiguió		hacerlo
Siguió		conducir el coche
Nos prohibe		viviendo allí
Le enseñan		haciéndolo así
Siguieron		
Lograron		

4. Give the Spanish for:

1. They are learning to dance.
2. We ought to send it to Teresa.
3. He invited me to supper.
4. We began to drink it.
5. They did not allow her to give it to Enrique.
6. He continued to work.

7. He succeeded in finding it.
8. They invited us to do it.
9. He went on reading.
10. They teach them to write.

5. Turn into Spanish:

1. He wanted to see Conchita immediately.
2. Juan has invited us to go to the theatre next Monday.
3. When we were on the beach, it began to rain.
4. He asked the policeman many questions.
5. They showed us many other things.
6. We ought to go and see them on Sunday.
7. He began to examine them with much curiosity.
8. Henry continued reading his newspaper.
9. He helped me to finish the work.
10. María could not find her friend in the restaurant.
11. A few days later he went to visit Señor Martínez.
12. We are learning to speak French.
13. When we refused to do it, he went and saw a policeman.
14. He did not succeed in arriving before ten o'clock.
15. Your brother was trying to discover where María lived.

6. Turn into Spanish:

Rodrigo was very fond of ancient history and he specially liked to visit the Roman ruins near the town where he lived. One day he went out with his friend Juan to see if they could find anything near the place where once they had found some coins.

It was very hot and they spent[1] a great deal of time digging, but they did not succeed in finding anything.[2] At 6.30 they had to go because the bus left at 7.15 and they had to go on foot to the main road, which was[3] more than[4] two kilometres away. When they returned to the town, they were very thirsty, so[5] they went to a café where they drank a glass of beer, after which, it was time[6] for supper.

1. To spend time = *pasar*. 2. *nada* Remember that Spanish uses the double negative. 3. Use *a*. 4. more than + number = *más de*. 5. *así*. 6. *la hora de cenar*.

7. Write a free composition of not more than 150 words using the following outline:

Pepe lo explica todo

1. El profesor va a ver a Pepe—éste le asegura que ha encontrado las monedas cerca de las ruinas romanas—puede enseñarle donde las ha encontrado.
2. Al día siguiente van a las ruinas—Pepe indica el lugar exacto—excavan un poco—encuentran otras monedas—Pepe explica que su amigo Juan le había dicho que podía encontrarlas allá.
3. Van a ver a Juan—éste las había sacado del cajón en el museo—entonces estaba aterrado—las puso cerca de las ruinas—después se lo dijo a Pepe.

Chapter 20
LEYENDO EL DIARIO

(Inés y su marido Carlos están en la sala de estar de su piso)

INÉS: ¿Hay algo nuevo en el diario hoy?

CARLOS: No. No hay nada.

INÉS: ¿Hay noticias del asesinato de la Calle Tacna?

CARLOS: Todavía no. La policía busca a un hombre con barba negra y orejas grandes.

INÉS: El novio de María tiene orejas grandes.

CARLOS: Sí querida, pero no tiene barba negra.

INÉS: ¿Dónde está este hombre?

CARLOS: No se sabe. Pero dicen que tiene una gran maleta de cuero que contiene las joyas de una francesa riquísima.

INÉS: ¿Es un hombre violento?

CARLOS: Sí. Habla con un acento inglés.

INÉS: Asesinó a la francesa ¿verdad?

CARLOS: No. Creo que asesinó a su marido.

INÉS: Ay — ¡el pobre!

CARLOS: No estoy seguro. A ver. No . . . no tengo razón. No asesinó al marido sino a la suegra.

INÉS: ¡A la suegra! Pero ¿por qué?

CARLOS: Parece que el marido no peleó con el criminal. Dijo que las joyas estaban aseguradas, pero la suegra atacó al bandido con su paraguas.

INÉS: Y ¿el bandido la asesinó?

CARLOS: Sí. El marido ofrece una gran recompensa.

INÉS: ¿Al bandido por haber matado a su suegra?

CARLOS: ¡¡No, querida, no!!

INÉS: ¿Cuánto ofrecen de recompensa?

CARLOS: Cien mil pesetas.

INÉS: ¡Cien mil pesetas! Es una gran cantidad de dinero. Con esta recompensa yo podría comprar un abrigo de piel y un collar de perlas.

CARLOS: Sí, y entonces no quedaría nada para mí.

(Inés está cerca de la ventana)

INÉS: Carlos — ¡mira!

CARLOS: ¿Qué hay?

INÉS: ¡Ven aquí!

CARLOS: ¿Qué pasa?

INÉS: ¡Mira! ¡Allí en la esquina de la calle hay un hombre con una barba negra y orejas grandes!

CARLOS: ¡Y tiene también una maleta de cuero!

INÉS: Ahora podemos obtener la recompensa. Ve a capturarle mientras yo telefoneo a la policía.

CARLOS: Pero, querida, ¡eras tú la que querías el abrigo de piel y el collar de perlas!

VOCABULARY

el abrigo de piel	fur coat	**el novio**	fiancé, boyfriend
algo nuevo	anything new	**obtener**	to get, obtain
asegurado	insured	**la oreja**	ear
asesinar	to murder	**el paraguas**	umbrella
el asesinato	murder	**riquísimo**	very rich
atacar	to attack	**la recompensa**	reward
la barba	beard	**la suegra**	mother-in-law
capturar	to capture	**¡ve!**	Go! (fam.)
el collar de perlas	pearl necklace	**¡ven!**	Come! (fam.)
las noticias	news		

152

Answer in Spanish the following questions:

1. ¿A quién busca la policía?
2. ¿Qué sabemos del novio de María?
3. ¿Qué hay en la gran maleta de cuero?
4. ¿Qué sabemos del criminal?
5. ¿A quién ha asesinado?
6. ¿Por qué no peleó el marido con el criminal?
7. ¿Qué hizo la suegra?
8. ¿Qué es la recompensa que ha ofrecido el marido?
9. ¿Qué querría comprar Inés con la recompensa?
10. ¿Qué ve Inés en la calle?

CONVERSATION PRACTICE:
¿QUIÉN VA A OBTENER LA RECOMPENSA?

(Inés y Carlos están todavía en la ventana de su piso)

INÉS: ¿Tienes miedo de capturar al criminal?

CARLOS: Pero ¡es un hombre violento!

INÉS: En ese caso yo iré a capturarle.

CARLOS: No puedes hacer eso. ¡Es un criminal peligroso! ¡Te matará!

INÉS: Yo no tengo miedo.

CARLOS: ¡Mira!

INÉS: ¿Qué pasa?

CARLOS: El señor González le ha golpeado en la cabeza con una botella y el criminal ha caído al suelo.

INÉS: ¡Ay—qué tragedia! ¡Entonces el señor González va a obtener la recompensa!

CARLOS: Lo siento mucho.

INÉS: ¡Tú sabías cuánto deseaba yo un abrigo de piel y un collar de perlas!

CARLOS: ¡Mira! Se ha formado una muchedumbre.

INÉS: ¿Qué dice el policía?

CARLOS: Pues—¡qué cómico! ¡Dice que el hombre no es el criminal sino un profesor francés!

peligroso dangerous   **en ese caso** in that case

GRAMMAR

(20a) **Common verbs taking no preposition with the Infinitive**

Soler   *Solía pasar mis vacaciones allí*   I used to spend my holidays there
Aconsejar   *Le aconsejé ver al médico*   I advised him to see the doctor

153

Esperar	*Esperaba verte allí* I was hoping to see you there	
Permitir	*Nos permitió entrar en la casa* He permitted us to enter the house	
Saber	*No sabe conducir el coche*	
	He does not know how to drive the car	
Proponer	*Mi padre propone hacerlo* My father proposes to do it	
Merecer	*Merece lograr* He deserves to succeed	
Preferir	*Prefiero conducir el coche* I prefer to drive the car	
Elegir	*Eligió ir a España* He chose to go to Spain	

(20b) **Common verbs taking *a* with the Infinitive**

Atreverse a	*No se atreve a ver a mi madre* He dare not see my mother
Ofrecerse a	*Se ofreció a* (or *para*) *comprar el vino*
	He offered to buy the wine
Apresurarse a	*Se apresuraron a t₊rminar el trabajo*
	They hastened to finish the work
Negarse a	*Se negó a creerlo* He refused to believe it
Preparar (*se*) *a*	*Mi madre se prepara a guisar la comida*
	My mother is getting ready to cook the meal
Preparar (*se*)	is also used with *para*
Persuadir a	*Nos ha persuadido a venir* He has persuaded us to come

(20c) "But" is translated by *pero*, unless there is a contrast after a negative, when *sino* is used.

  No es Federico sino Enrique   It is not Fred but Henry

EXERCISES

1. Form as many sentences as possible, but use *a* only where necessary.

A	B	C
Prefiere	(a)	hacerlo lo más pronto posible
Se resolvió		quedar en casa
Esperaban		ver a su madre
Solían		ir a ver al profesor
No se atrevía		conducir el coche
Nos permitía		
Me aconsejó		
Prometió		
Propone		
Elige		
Se negaron		
Me ha persuadido		

2. Revise Rule (7b) Page 56.

Give the Spanish for:

1. He refused to sell the house.   2. He did not dare to write the letter.
3. We promised to see them.   4. I was hoping to do it at once.
5. I have persuaded him (a) to come. 6. They used to see us every Sunday.
7. I advise you to go at once.   8. He hastened to do it.

154

9. They propose to do it.
10. I prefer to sleep.
11. He permits us to work here.
12. He decided to buy it.
13. They hope to see us.
14. It isn't Pedro but Teresa.
15. He chose to drive the car.

3. Give the Spanish for:

1. He deserved to become a famous actor.
2. He said he could not drive a car.
3. They prefer to spend their holidays in the country.
4. He refused to see the doctor.
5. They promised to come to my office at 3.15.
6. What are you proposing to do?
7. I used to go and see my parents every Sunday.
8. He offered to do the work for us.
9. He hastened to send them an order.
10. He advised us to phone you at once.
11. He did not dare to drive his car in Madrid.
12. We were hoping to find you at home.
13. They have not persuaded us to do it yet.
14. My parents were getting ready to go out for the evening.
15. They do not permit us to smoke in the theatre.

4. Turn into Spanish:

Carlos was sitting in the living-room of his flat when his wife Inés asked[1] him if there was anything new in the paper. He told her that the police were looking for a criminal with large ears and a black beard. At[2] that moment Inés, who was near the window, said that she could see a man on the corner of the street. He also had large ears and a black beard. At once Carlos phoned the police and shortly[3] afterwards a car arrived from the police station. However, when they asked[1] the man who he was and when they saw his passport, they discovered that he was not the criminal but[4] an English tourist!

1. To ask a question = *preguntar* 2. *En.* 3. *poco.* 4. Not *pero.*

5. Write a free composition of not more than 150 words on the following subject. Use the past tenses as appropriate.

Carlos obtiene la recompensa

1. Carlos baja la escalera—¿qué ve en la calle?—se acerca al criminal—¿qué está haciendo Inés?—¿habla Carlos con el criminal?
2. El criminal entra en un comercio—¿qué hace Carlos entonces?—¿tiene miedo?—llega un coche lleno de policías—¿qué pasa entonces?
3. El criminal en la cárcel—¿qué le dicen a Carlos los policías?—Inés muy alegre—¿qué compra Carlos con la recompensa?

155

REVISION EXERCISES

1. Revise the vocabulary and grammar of Chapters 16, 17 and 18.

Turn into Spanish:

1. He sat down and smoked a cigarette.
2. I think it will rain this afternoon.
3. He went to the door.
4. I am setting out for Madrid tomorrow, passing through Valencia.
5. I have never been to a bullfight.
6. The weather is good today.
7. Her father consented to (*en*) the wedding.
8. English is spoken here.
9. We asked Carlos his opinion.
10. He likes your carpets.
11. It was very hot yesterday.
12. Besides being intelligent, she is beautiful.
13. Voices could be heard from the first floor.
14. I remember all the details of your letter.
15. He did it without any apparent effort.
16. She was surrounded by her children.
17. He apologized and promised he would never do it again.
18. When he finished his work, he went out.
19. My brother is about to leave.
20. Nevertheless, the poor man looked very pale.
21. He always does it for (*por*) us.
22. We sold it for five hundred pesetas.
23. In order to do it well.
24. She is too tired to go.
25. I went to Paris for three days.

2. Study carefully for meaning, then read aloud in Spanish:

1. No importa.
2. Por ser más barato, fue a pie.
3. Lo hecho, hecho.
4. Mi hermana siguió comiendo.
5. Por supuesto lo haremos.
6. Mi amigo era americano.
7. Estaba de bote en bote.
8. Lograron encontrar al médico.
9. Me lo ha regalado mi padre.
10. Están cansados de hacerlo.
11. Hace un frío insoportable.
12. Los seres humanos.
13. Lo bello y lo feo.
14. Seguido de mis amigos.
15. Por ser tan pobres, no podemos hacer nada.

16. No saben lo agradable que es.
17. Entonces supo la verdad.
18. Por consiguiente.
19. Ha sacado una localidad de sol.
20. No se sabe nunca.
21. Al vernos entrar en el café, salió.
22. Se escapó para ser capturado al día siguiente.
23. La he visto en la plaza de toros.
24. Lo hizo sin decir nada.
25. A mi parecer.
26. Duerme por la mañana.
27. Llovía a cántaros.
28. Lo dice para sí.
29. Se dice que no vendrá.
30. El cine se cierra a las dos.

3. Give the first and third persons singular and plural of the Past Historic of:

dar   querer   caer   decir   saber   ver   venir   hacer   poder   traer
poner   conducir

4. Revise the vocabulary and grammar of Chapters 19 and 20.

Turn into Spanish:

1. How can one go there?
2. Would you like to buy it for eighty pesetas?
3. They had to do many things.
4. Is it far from here?
5. I am going to show it to you.
6. It is worth while visiting the museum.
7. He was trying to speak English.
8. They refuse to come into the house.
9. Spain was the most famous country in the world.
10. He hesitated a moment.
11. You ought to see this man.
12. A bus leaves at 3.15.
13. Where did you see them?
14. It is not Philip but Henry.
15. They will not let me do it.
16. He does not know how to cook.
17. They did not want to go.
18. I used to spend my holidays there.
19. He met all the Spanish friends of his father's.
20. We advise you to do it at once.

5. Study carefully for meaning, then read aloud in Spanish:

1. Prohibido fumar.
2. El hombre gordo era alemán.
3. Mi amigo volvió al momento.

4. Eligió hacerse médico.
5. Son de la época de Felipe segundo.
6. Quiso dármelo anoche.
7. El pobre hombre perdió todo su dinero.
8. Merecen lograr.
9. Estos libros no valen mucho.
10. Mi amigo era soldado.
11. El francés se entusiasmó mucho.
12. Se negaron a ayudarnos.
13. No me interesan tales cosas.
14. Consiguieron terminar el trabajo.
15. Volvió después de un mes.
16. Fueron a ver al profesor.
17. No logré verla otra vez.
18. Resulta más caro hacerlo así.
19. El autobús sale a las dos de la tarde.

6. General revision of main points, Chapters 1 to 15.

Turn into Spanish:

1. *We* are going, *they* are staying.
2. He gives it to us.
3. Our houses.
4. For us.
5. With me.
6. He shows it to him.
7. We have seen Señor Pérez.
8. What is the date?
9. My car and María's.
10. A friend of mine.
11. A German city.
12. Do you know my sister?
13. Another day.
14. He has done nothing.
15. On Sunday morning.
16. The first time.
17. What time is it?
18. From time to time.
19. Lunch time.
20. 500, 700, 900.
21. It was in the year 1898.
22. He has just seen us.
23. The third man.
24. On Saturday May 1st.
25. Tuesday 10th December.
26. It is better to go.
27. Without him.
28. The water.
29. The grandmother.
30. We have no bread.
31. One of the men.
32. He is a sailor.
33. He is ill.
34. The lady is sitting.
35. The car is mine.
36. An Englishwoman.
37. We like the grapes.
38. They are visiting my friend.
39. Where are they?
40. They cross the street.
41. He sleeps here.
42. He asks for wine.
43. After a while.
44. They return.
45. The biggest house in the street.
46. Juan is older than María.
47. Thank you very much.
48. Not at all.
49. I'm very sorry.
50. More than a hundred pesetas.
51. He is bigger than you.
52. What a lovely girl!
53. He is too tired to work.
54. We need petrol.
55. Ten litres, please.
56. It's half an hour late.

57. I hope so.
58. He repeats it.
59. They follow us.
60. Without me.
61. How are you?
62. Very well, thank you.
63. With them.
64. I see them.
65. At midday.
66. He got up.
67. I go to bed at 11 o'clock.
68. Without her.
69. We see her.
70. Without being seen.
71. How much is it?
72. He looked at the house.
73. They began to run.
74. What's the matter with you?
75. A dozen bottles of wine.
76. We are short of money.
77. I visited his father.
78. I don't like to do it.
79. Quickly.
80. He decided to become a doctor.
81. He did not turn around.
82. The taps are on.
83. I remembered the book.
84. He ran even faster.
85. I visited María every day.
86. She is (looking) pale.
87. What does John do?
88. It is cheaper.
89. A terrible disaster.
90. A black bull.
91. A hundred times.
92. The Post Office.
93. On the left.
94. He posts the letters.
95. He wants to give it to me.
96. I give it to him.
97. All the people.
98. A five-peseta stamp.
99. They are on holiday.
100. He died.
101. As soon as possible.
102. There will be.
103. They are asking for food.
104. What is the date?
105. On the 19th.
106. A summer evening.
107. Whose is this book?
108. All those who work.
109. At the beginning of the month.
110. He took no notice of us.
111. With us.
112. I knew Anita very well.
113. He has neither meat nor vegetables.
114. He will give it to you tomorrow.
115. She dresses in black.
116. He says he can't do it either.
117. Juan smokes a cigarette.
118. He goes up the stairs.
119. María is sixteen.
120. What's the matter?

PICTORIAL COMPOSITION

1. El perro y el ladrón
to wake up *despertarse* (*ie*); to bark *ladrar*; to slap *dar una bofetada*; to go on tiptoe *ir de puntillas*; to pat *acariciar*.

2. Un toro se escapa
to drop *dejar caer*; to scatter *dispersarse*; to overturn *volcar* (*ue*); to climb *trepar*; to chase *perseguir*; broom stick *el palo de escoba*.

3. La señora Ibáñez habla demasiado
clock *el reloj*; lunch, food *la comida*; gas stove *la cocina de gas*; to cut *cortar*; plate *el plato*; saucepan *la cacerola*; the phone is ringing *el teléfono está sonando*; smoke *el humo*; firemen *los bomberos*; to burn *quemar*.

4. Un paseo en coche
basket (large) *el cesto*; picnic *la romería*; to break down (car) *averiarse, tener una avería*; engine *el motor*; telephone booth *la cabina telefónica*; mechanic *el mecánico*; to glare *echar fuego por los ojos*.

5. ¿Nada que declarar?
to rush *arrojarse*; astonished *atónito*; to seize *coger*.

6. Una visita a la familia Martínez
to take, lead *conducir*; chair *la silla*; to fight *luchar*; in alarm *alarmado(s)*, *asustado(s)*; to flee *huir*.

7. Papá prefiere beber cerveza
castle *un castillo*; at the top of *en lo alto de*; hill *una cuesta*; gateway *la entrada*; arch *el arco*; to wipe the sweat from one's brow *limpiar el sudor de la frente*; a stone bench *un banco de piedra*; to come down *bajar*; cool *fresco*; empty *vacío*.

8. Robando al joyero
shop window *el escaparate*; bag *un saco*; to push *empujar*; to give the alarm *dar la alarma*; to knock down *derribar*; to hold on to *agarrarse de*.

9. Una cerilla causa un incendio
to light *encender*; match *la cerilla*; to point to *señalar*; to pour water *echar agua*.

10. Prohibido excavar
to be disappointed *quedar desilusionado*; to dig up *excavar*; to pick up *recoger*; to get excited *excitarse*; coins *las monedas*; notice *un aviso*.

11. Un episodio en la playa
bathing costume *un traje de baño*; to sunbathe *tomar un baño de sol*; sailing dinghy *el velero*; waves *las olas*; the sea gets rough *el mar se pica*; gust of wind *una ráfaga*; to upset, overturn *volcar* (*ue*); small bottle *un frasco*; to save *salvar*.

12. Una cabra come la camisa de un vagabundo
tramp *un vagabundo*; to wear *llevar*; coat *la americana*; hat *el sombrero*; stream *un arroyo*; shirt *una camisa*; to hang up *colgar* (*ue*); to dry *secar*; branch *la rama*; to fall asleep *dormirse*; goat *una cabra*; sleeves *las mangas*.

1. El perro y el ladrón

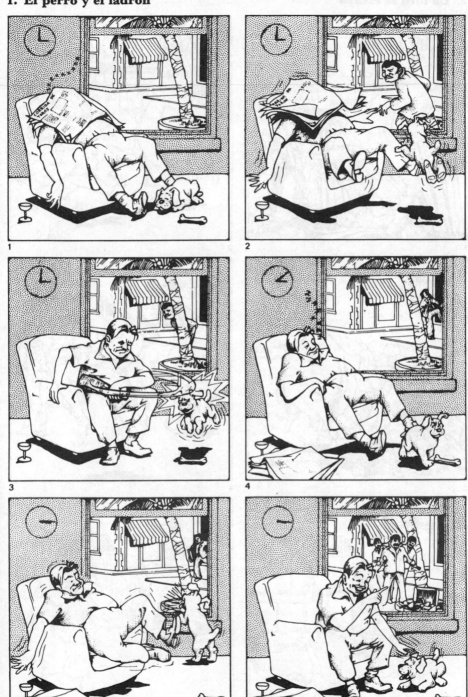

2. Un toro se escapa

3. La señora Ibáñez habla demasiado

4. Un paseo en coche

5. ¿Nada que declarar?

6. Una visita a la familia Martínez

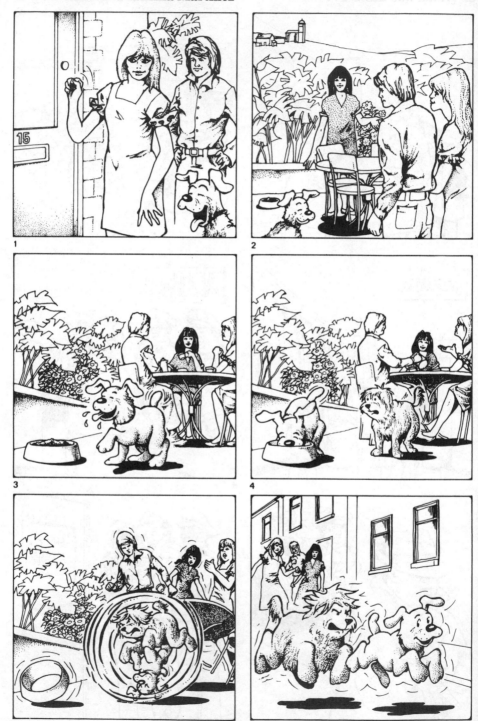

7. Papá prefiere beber cerveza

8. Robando al joyero

1

2

3

4

5

6

9. Una cerilla causa un incendio

10. Prohibido excavar

1

2

3

4

5

6

11. Un episodio en la playa

12. Una cabra come la camisa de un vagabundo

MAKING IT STICK

Frequent revision of the following points will make it easier to remember the grammar covered in this book.

1. **Double letters.** *CAROLINE*. Double *n*, double *e* are rare. Never use double *s* in modern Spanish e.g. posible, pasaporte.

2. **Genders.** Remember the key words:

Feminine endings: ZAD -UMBRE -IÓN (but watch for -*ma*, -*pa*, -*ta* which are often masculine: *el poema, el mapa, el dentista* etc.)

Masculine endings: NOISY RULE (but a few common nouns ending in -*e* are feminine: *la calle, la gente, la clase, la carne* etc.)

3. **Accentuation and stress**

In the early stages, this must be constantly practised. If in doubt, revise the Introduction. Note the effect on the accent: *inglés, inglesa; estación, estaciones* etc.

4. **Uses of** *ser*

Remember the key. *Ser* = A   NO   OOM   PIN   TYPE

A = Adjective showing inherent characteristic. *Juan es inteligente.*

NO Nationality   *Juan es español*
   Occupation   *Juan es soldado*

OOM to show: Ownership   *Es de Juan*
             Origin   *Juan es de Madrid*
             Material from which something is made   *La barca es de madera*
             The boat is (made) of wood.

PIN   when the verb "to be" is followed by:
   Pronoun   *Es mío, es tuyo, la casa es nuestra*
   Infinitive   *Ver es creer*   To see is to believe
   Noun   *Es mi coche*

(but "to be" + noun showing PLACE WHERE is *estar*.   *Allí está mi coche*)

TYPE   Time, when a unit of time (minute, hour, day, month, year etc.) is used. *Es la una. Hoy es lunes.*

     PASSIVE (*Ser* + Past Participle for ACTION)   *Fue capturado por la policía*

5. **Four main uses of** *estar*

(i)   With an adjective to show something different from the usual or expected.
    Está enfermo, está malhumorado, está pálido
(ii)   For PLACE WHERE.   *Está en la calle*
(iii)   with the Gerund to form continuous tenses
    Está (estaba, estará) trabajando   He is (was, will be) working
(iv)   With the Past Participle to show a STATE   *El café está cerrado ahora*
   (To reinforce the uses of *ser* and *estar*, use the drills in Chapter 4)

6. Radical-changing verbs

These change only when stressed on the root vowel.

Present	Past Historic
(stressed on the root vowel)	(Stress does not fall on the root vowel)
Se cierra a las tres	Se cerró a las tres
No piensa mucho	No pensó mucho
Pierde el dinero	Perdió el dinero
Vuelve a casa	Volvió a casa
Atraviesa la calle	Atravesó la calle
Empieza el trabajo	Empezó el trabajo
Cuesta cien pesetas	Costó cien pesetas
Encuentra a su madre	Encontró a su madre

7. Radical-changing verbs, 3rd conjugation

This rule (13a) needs special care. Certain radical-changing verbs of the THIRD CONJUGATION ONLY change their root vowels EVEN WHEN THEY ARE NOT STRESSED if the next syllable contains -a, -ie -ió. Stressed o becomes u, stressed e becomes i.

	Past Historic	Gerund
pedir (i)	pidió, pidieron	pidiendo
sentir (ie -i)	sintió, sintieron	sintiendo
seguir (i)	siguió, siguieron	siguiendo
repetir (i)	repitió, repitieron	repitiendo
dormir (ue -u)	durmió, durmieron	durmiendo
morir (ue -u)	murió, murieron	muriendo

(This change also occurs in the Present Subjunctive: *pidamos, sintamos* etc.)

8. Personal *a*.

This needs plenty of practice until the habit is firmly established.

Hemos visto a Juan (a Enrique, a Felipe, al señor Sánchez, a su hermano)
See Rule (3e). If in doubt, practise the drill in Ex. 6 page 23.

9. To ask

to ask a QUESTION *preguntar*	"*¿Por qué?*" *preguntó mi padre*
to ask FOR *pedir*	*Pidió pan*

To ask someone to do something
pedir, rogar with the Subjunctive	*Te pido que te expliques*
rogar usually drops *que*	*Le rogué me hablase*

10. Do not confuse:

He sees us *Nos ve*
He gives it to us *Nos lo da*
(Intended) for us *para nosotros*
Our house *nuestra casa*
We work, **they** do nothing
Nosotros trabajamos, ellos no hacen nada

11. *Un hombre*, but *uno de los hombres*.

Tengo uno

174

12. He gives it to him (to them) *Se lo da* (NEVER **le** *lo*, **les**, *lo*)
He gives it to his daughter **Se** *lo da a su hija* (note redundant *se*)
He gives Carlos a book **Le** *da a Carlos un libro* (note redundant *le*)
Anita likes the book **Le** *gusta a Anita el libro* (note redundant *le*)

13. "But" after a negative contrast is *sino*.

> *No es Federico sino Felipe* It is not Fred but Philip
> *No es Enrique sino Guillermo* It is not Henry but William

14. Bigger and bigger *Cada vez más grande* (each time more big)

15. Slowly and sadly *lenta y tristemente* (drop *-mente* from first adverb)

16. *El* with feminine nouns beginning with stressed *a* or *ha*.
El agua fría, el hambre, but *la abuela, la América* (stress falls on the second syllable)

17. **Passive (three forms)**

> 1. *Ser* with Past Participle. *Fue capturado por la policía.* He was captured by the police
> 2. Reflexive. *Se cierra a las once.* It is closed at 11 o'clock.
> 3. 3rd person plural. *Nos han visto* We have been seen (they have seen us)

Where possible, avoid 1., but this must be used if the word *by* follows the verb.

18. **To like** Use *gustar* for things, *querer* (*ie*) for people.

> *Me gustan las uvas* I like the grapes (to me are pleasing the grapes)
> *Queremos a Anita* We like Anita

19. **Do not confuse:**

> *Esto, eso, aquello* which are *neuter* (cp. French *ceci, cela*)
> *No me gusta eso* I don't like that
> *Esto no vale nada* This is worth nothing
> with *este, ese, aquel* which are *Masculine*.
> *Este hombre, ese libro, aquel chico*

20. *Para* and *por*. Remember the key words. *Para* = PODU

P = Purpose. *Para dar prueba de su amistad.*
In order to give proof of his friendship

O = Only to. *Lo había encontrado para perderlo poco después*
He had found it only to lose it shortly afterwards

D = Destination, *intended* for
Sale para París He is leaving for Paris
Este libro es para Vd. This book is for you

U = Until
No podemos dejarlo para mañana We can't leave it for (until) tomorrow

POR = SEA TAB
S = for the SAKE of, on behalf of
Lo hace siempre por su hermana He always does it for his sister

E = in EXCHANGE for
Lo compró por cien pesetas   He bought it for 100 pesetas
A = on ACCOUNT of, because of
Está en la cárcel por haber robado un banco
He is in prison for robbing a bank
Por = TAB = through, along, by

21. **Remember:** *Tener* to have (possess). *Haber* to have with the Past Participle.
Tengo dos libros   I have (possess) two books
He comprado dos libros   I have bought two books

22. **Don't confuse:**
Su casa y la mía   His house and mine (Rule 3b)
but: *Esta casa es mía*
Mi casa y la de Juan (Rule 6c)
Mis libros y los de Felipe   My books and Philip's

23. **To try to**   *tratar de* with Infinitive
Trató de hacerlo   He tried to do it.

24. **To succeed in**   *lograr, conseguir* (no preposition with the Infinitive)
He succeeded in doing it.   *Logró (consiguió) hacerlo*

25. He continued to read.   *Siguió leyendo*

26. **To refuse to**   *negarse a* or *rehusar* (no preposition before the Infinitive)
He refused to work   *Se negó a trabajar*   or *Rehusó trabajar*

27. **To remember:** *acordarse (ue) de*   or *recordar (ue)*

28. **To realise**   *darse cuenta de*   or *saber* in the Past Historic
No se da cuenta de eso   He does not realise that
Supo   he realised   (*Sabía* = he knew) He realised = he discovered = *descubrió*

29. **Note word order of pronouns with Infinitive and Gerund.** Rules (7b) and (10f)
Va a vernos   or: *Nos va a ver*   He is going to see us
Está comiéndolo (note accent) or: *Lo está comiendo*   He is eating it
Quiere dármelo (note accent) or *Me lo quiere dar*   He wants to give it to me

30. Note *ir a* with the Infinitive.
Va a comer la fruta   He is going to eat the fruit
Voy a verla   I am going to see her

31. Do not confuse *sentarse (ie)* to sit down, with *sentir (ie -i)* to feel
Siente he feels	*se sienta* he sits down
sintió he felt	*se sentó* he sat down
sintieron they felt	*se sentaron* they sat down

32. **To begin to** *empezar (ie)*, *principiar*, *comenzar (ie)* take *a* before the Infinitive
They started to work   *Empezaron (principiaron, comenzaron)* **a** *trabajar*

33. Note the feminines:
Nationality:
alemán, alemana; español, española; inglés, inglesa
Adjectives in *-or*: *una chica encantadora, una mujer habladora*, but *mejor, peor, mayor, menor* do not add *-a*. *La hija mayor, la hermana menor, la mejor casa, esta cosa es peor.*

34. Omit *un, una* with:
    otro día   cierto hombre   cien casas   mil habitantes   tal idea

35. **Numbers.** Be careful with:
    13 *trece*   14 *catorce*   15 *quince*   102 *ciento dos*   500 *quinientos*
    700 *setecientos*   900 *novecientos*   300 *houses   trescientas casas*

36. *Cerca DE*, near, but *acercarse A*   to get near, approach
    Cerca **de** *la casa*, near the house; but: *se acerca* **a** *la casa*

37. **To have to**   *tener que. Tiene que ir*   He has to go.

38. **To decide to**   *decidirse a* or *decidir.   Se decidió a hacerlo* or: *Decidió hacerlo*

39. IN the morning, IN the afternoon   *POR la mañana, POR la tarde*
    but with hour of the day, use *de*. At 9 o'clock in the morning (evening) *a las nueve*
    DE la mañana (tarde)

40. *En* for place WHERE   *a* for MOTION to a place
    Está en Londres   *Va a Londres mañana*
    He is in London   He is going to London tomorrow

SUMMARY OF REGULAR, IRREGULAR AND RADICAL-CHANGING VERBS

LIST OF REGULAR VERBS

Present Infinitive Gerund Past Participle	Present	Imperfect	Past Historic	Future
hablar, *to talk*	hablo	hablaba	hablé	hablaré
hablando	hablas	hablabas	hablaste	hablarás
hablado	habla	hablaba	habló	hablará
	hablamos	hablábamos	hablamos	hablaremos
	habláis	hablabais	hablasteis	hablaréis
	hablan	hablaban	hablaron	hablarán
comer, *to eat*	como	comía	comí	comeré
comiendo	comes	comías	comiste	comerás
comido	come	comía	comió	comerá
	comemos	comíamos	comimos	comeremos
	coméis	comíais	comisteis	comeréis
	comen	comían	comieron	comerán
vivir, *to live*	vivo	vivía	viví	viviré
viviendo	vives	vivías	viviste	vivirás
vivido	vive	vivía	vivió	vivirá
	vivimos	vivíamos	vivimos	viviremos
	vivís	vivíais	vivisteis	viviréis
	viven	vivían	vivieron	vivirán

Conditional Tense: hablaría, comería, viviría Rule (12c).

RADICAL-CHANGING VERBS

Present Tense

Stressed *o* becomes *ue*. Stressed *e* becomes *ie*. Stressed *e* becomes *i*. (3rd conjugation).

Volver (ue), *to return*	Perder (ie), *to lose*	Pedir (i), *to ask for*
vuelvo	pierdo	pido
vuelves	pierdes	pides
vuelve	pierde	pide
volvemos	perdemos	pedimos
volvéis	perdéis	pedís
vuelven	pierden	piden

Verbs of the 3rd conjugation change their root vowels, *even when they are not stressed*, if the next syllable contains *-a, -ie, -ió*. Root *e* changes to *i*, *o* changes to *u*.

Past Historic Tense

Pedir (i) *to ask for*	Dormir (ue-u) *to sleep*
pedí	dormí
pediste	dormiste
pidió	**durmió**
pedimos	dormimos
pedisteis	dormisteis
pidieron	**durmieron**

Gerund: pidiendo, *asking*

Present Subjunctive: pidamos, *let us ask*

Gerund: durmiendo, *sleeping*

Present Subjunctive: durmamos, *let us sleep*

LIST OF IRREGULAR VERBS

Present Infinitive Gerund Past participle	Present	Imperfect	Past Historic	Future
ser, *to be*	soy	era	fui	seré
siendo	eres	eras	fuiste	serás
sido	es	era	fue	será
	somos	éramos	fuimos	seremos
	sois	erais	fuisteis	seréis
	son	eran	fueron	serán
estar, *to be*	estoy	estaba	estuve	estaré
estando	estás	estabas	estuviste	estarás
estado	está	estaba	estuvo	estará
	estamos	estábamos	estuvimos	estaremos
	estáis	estabais	estuvisteis	estaréis
	están	estaban	estuvieron	estarán
haber, *to have*	he	había	hube	habré
habiendo	has	habías	hubiste	habrás
habido	ha	había	hubo	habrá
	hemos	habíamos	hubimos	habremos
	habéis	habíais	hubisteis	habréis
	han	habían	hubieron	habrán

Present Infinitive Gerund Past Participle	Present	Imperfect	Past Historic	Future
tener, *to have*	tengo	tenía	tuve	tendré
teniendo	tienes	tenías	tuviste	tendrás
tenido	tiene	tenía	tuvo	tendrá
	tenemos	teníamos	tuvimos	tendremos
	tenéis	teníais	tuvisteis	tendréis
	tienen	tenían	tuvieron	tendrán
andar, *to walk*	ando	andaba	anduve	andaré
andando	andas		anduviste	
andado	anda		anduvo	
	andamos		anduvimos	
	andáis		anduvisteis	
	andan		anduvieron	
caer, *to fall*	caigo	caía	caí	caeré
cayendo	caes		caíste	
caído	cae		cayó	
	caemos		caímos	
	caéis		caísteis	
	caen		cayeron	
conducir, *to lead*	conduzco	conducía	conduje	conduciré
conduciendo	conduces		condujiste	
conducido	conduce		condujo	
	conducimos		condujimos	
	conducís		condujisteis	
	conducen		condujeron	
dar, *to give*	doy	daba	di	daré
dando	das		diste	darás
dado	da		dio	dará
	damos		dimos	daremos
	dais		disteis	daréis
	dan		dieron	darán
decir, *to say*	digo	decía	dije	diré
diciendo	dices		dijiste	dirás
dicho	dice		dijo	dirá
	decimos		dijimos	diremos
	decís		dijisteis	diréis
	dicen		dijeron	dirán

Present Infinitive Gerund Past Participle	Present	Imperfect	Past Historic	Future
hacer, to do, make	hago	hacía	hice	haré
haciendo	haces		hiciste	harás
hecho	hace		hizo	hará
	hacemos		hicimos	haremos
	hacéis		hicisteis	haréis
	hacen		hicieron	harán
ir, to go	voy	iba	fui	iré
yendo	vas	ibas	fuiste	irás
ido	va	iba	fue	irá
	vamos	íbamos	fuimos	iremos
	vais	ibais	fuisteis	iréis
	van	iban	fueron	irán
oir, to hear	oigo	oía	oí	oiré
oyendo	oyes		oíste	oirás
oído	oye		oyó	oirá
	oímos		oímos	oiremos
	oís		oísteis	oiréis
	oyen		oyeron	oirán
poder, to be able	puedo	podía	pude	podré
pudiendo	puedes		pudiste	podrás
podido	puede		pudo	podrá
	podemos		pudimos	podremos
	podéis		pudisteis	podréis
	pueden		pudieron	podrán
poner, to put	pongo	ponía	puse	pondré
poniendo	pones		pusiste	pondrás
puesto	pone		puso	pondrá
	ponemos		pusimos	pondremos
	ponéis		pusisteis	pondréis
	ponen		pusieron	pondrán
querer, to wish, like	quiero	quería	quise	querré
queriendo	quieres		quisiste	querrás
querido	quiere		quiso	querrá
	queremos		quisimos	querremos
	queréis		quisisteis	querréis
	quieren		quisieron	querrán

Present Infinitive Gerund Past Participle	Present	Imperfect	Past Historic	Future
saber, *to know* sabiendo sabido	sé sabes sabe sabemos sabéis saben	sabía	supe supiste supo supimos supisteis supieron	sabré sabrás sabrá sabremos sabréis sabrán
salir, *to go out* saliendo salido	salgo sales sale salimos salís salen	salía	salí saliste salió salimos salisteis salieron	saldré saldrás saldrá saldremos saldréis saldrán
traer, *to bring* trayendo traído	traigo traes trae traemos traéis traen	traía	traje trajiste trajo trajimos trajisteis trajeron	traeré traerás traerá traeremos traeréis traerán
valer, *to be worth* valiendo valido	valgo vales vale valemos valéis valen	valía	valí valiste valió valimos valisteis valieron	valdré valdrás valdrá valdremos valdréis valdrán
venir, *to come* viniendo venido	vengo vienes viene venimos venís vienen	venía	vine viniste vino vinimos vinisteis vinieron	vendré vendrás vendrá vendremos vendréis vendrán
ver, *to see* viendo visto	veo ves ve vemos veis ven	veía veías veía veíamos veíais veían	vi viste vio vimos visteis vieron	veré verás verá veremos veréis verán

SPANISH-ENGLISH VOCABULARY

WORDS which are identical, or nearly so, in both languages have been omitted. Words beginning with *ch* come between the letters *c* and *d*, words beginning with *ll* come between *l* and *m*.

A

a to, at
abierto open, on (tap)
el abogado lawyer
el abrigo shelter, overcoat
al abrigo de sheltered from
abrir to open
la abuela grandmother
abundar to abound
aburrir to bore
acabar to finish
acabar de to have just
el aceite oil
acerca de about
acercarse to approach
acordarse (ue) de to remember
acostarse (ue) to go to bed
acostumbrado accustomed
además besides
adiós goodbye
la aduana customs
el aduanero customs officer
la afición love, inclination
aficionado (a) fond (of), keen (on)
agarrar to grasp
agosto (*m.*) August
agradable pleasant
agradecer to thank
el agua (*f.*) water
el agujero hole
ahora now
el ajo garlic
el alcalde mayor
el alcance reach
la aldea village
alegre pleased, cheerful
alemán German
la alfombra carpet
algo somewhat, something
allí there

alto tall, loud
alzar to raise
el alumno schoolboy, pupil
amargamente bitterly
amenazar to threaten
americano (South) American
el amigo friend
la amistad friendship
el amo master
andar to walk, go
el andén platform
la animación liveliness
el año year
anoche last night
ansiosamente anxiously
antes (de) before
antiguo ancient
el anuncio advertisement
apagar to put out
aparecer to appear
apoderarse de to seize
apoyar to lean, support
el apuro serious difficulty
aquí here
el árbol tree
la arena sand
arrojarse to rush, hurl oneself
asar to roast
asegurar to insure, assure
asesinar to murder
el asesinato murder
así so, thus
el asiento seat
asomarse to look out
asustar to frighten
atar to tie
aterrado terrified
atónito astonished
atrás (*adv.*) back, behind
atravesar (ie) to cross

aun, aún even, yet, still
aunque although
el autobús bus
el autor author
avanzar to advance
ayer yesterday
ayudar to help

B

bailar to dance
bajar to come down, lower
bajo under, low, short
bañarse to bathe, take a bath
la banderilla dart
el baño bath
barato cheap
la barba beard
la barca boat
la barrera barricade
el barrio suburb
bastante enough, quite
la bata dressing gown
beber to drink
la belleza beauty
bien well
el biftec beefsteak
el billete ticket, banknote
blanco white
la bocina car horn
el bolsillo purse
el bolso handbag
el bombero fireman
bonito pretty
bote; de bote en bote very full, jammed
la botella bottle
bravo ferocious (bulls)
brillar to shine
la brisa breeze
bueno good
buenos días good-morning
la busca search
buscar to look for
el buzón letter-box

C

la cabeza head
cada each, every
caer to fall
la Caja de Ahorros Savings Bank
el cajón drawer
la calidad quality
la calle street
la Calle Mayor High Street
calmarse to calm down
el calor heat
el camarero waiter
cambiar to change
el campo country, field
cansado tired
la cantidad quantity
la cara face; **cara a** facing
el carabinero frontier guard, customs officer
la cárcel prison
la carne meat
el carnicero butcher
la carnicería butcher's shop
caro dear, expensive
la carretera (main) road
la carta letter
la cartera wallet, briefcase
el cartero postman
la casa house, home; **a casa de** at the house of; **en casa** at home
casarse (con) to marry
la cáscara peel
el caso case; **hacer caso de** to take notice of
católico wholesome, Catholic
catorce fourteen
célebre famous
la cena supper
cenar to have supper
cerca de near
cerrar (ie) to shut, turn off
certificado registered
la cerveza beer
cesar (de) to cease, stop
la cesta basket
el cielo sky
cien one hundred
cierto (a) certain

cinco five
la circulación traffic
la ciudad town, city
clavado fixed, nailed
el clavo nail
el cliente customer
el coche car, coach (railway)
la cocina kitchen
coger to grasp, seize, take
la cola queue, tail; **hacer cola** to form a queue
el collar de perlas pearl necklace
colocar to place
el comedor dining-room
comer to eat, have lunch
el comerciante shopkeeper
el comercio shop
los comestibles provisions
la comida food, lunch
la Comisaría de Policía Police Station
como like, as, how
cómodo comfortable
el compañero companion
comprar to buy
compras, ir de to go shopping
comprender to understand
con with
conducir to drive, lead
conocer to know
conquistar to conquer
conseguir (i) to succeed in
la consignación consignment
consiguiente, por in consequence
construir to build
contar (ue) to tell (story), recount
contener to contain
el contenido contents
contento pleased, happy
contestar to answer
contra against
el contrabandista smuggler
al contrario on the contrary
la copita (small) wine glass
la corbata tie
el correo post, post office
correr to run
la corrida bullfight

cortés courteous
corto short, brief
la cosa thing
la costumbre custom
creer to believe, think
creo que no I don't think so
la criada servant
la cuadrilla team (bullfighting)
¿cuál? which?, what?
¿cuándo? when?
¿cuánto? how much?, how many?
el cuarto room
el cuarto de baño bathroom
cuatro four
cubierto covered
el cubo bucket
el cuello neck
la cuenta account
el cuento story
el cuero leather
el cuidado care
cuidar (de) to look after
cultivar to grow, cultivate
el cumpleaños birthday
cumplir (con) to fulfil, to be (years old)

CH

la chica girl
el chico boy, lad
¡chitón! Ssh! Keep quiet!
la chuleta cutlet

D

dar to give
dar las buenas noches to say good-night
darse cuenta de to realize
de of, from, about, by
debajo de under
deber to owe, be obliged to ("must")
decir to say
dejar to leave, let, allow
delante de in front of, before
demasiado too much
dentro de within
el departamento compartment
el deporte sport

el depósito (petrol) tank
la derecha right (hand side)
los derechos customs dues, duties
desafortunado unfortunate
desaparecer to disappear
desconfiado suspicious
la desconfianza suspicion
descubrir to discover
desde from, since
el desdén disdain, scorn
desear to wish
desesperar (se) to despair
desgracia, por (*f.*) unfortunately
el despacho office
después after(wards)
el detalle detail
detrás de behind
devolver (ue) to give back
el día day
el diario newspaper
el dinero money
dirigir to direct
disculparse to apologise, excuse oneself
la discusión argument
discutir to argue
distraído absent-minded
la docena dozen
doler (ue) to hurt, ache
donde where
dormir (ue-u) to sleep; **dormirse (ue-u)** to fall asleep
el dormitorio bedroom
dos two
ducharse to have a shower
durante during
durar to last
duro hard

en in, on
encantador delightful
encima de on top of, above
encontrar (ue) to meet, find
enfadarse to get angry
enfermo ill
enfrente opposite, in front
enfrente de in front of
enojar to annoy
la ensalada salad
enseñar to show, teach
entonces then
la entrada entrance, seat
entusiasmarse to become enthusiastic
enviar to send
envolver (ue) to wrap up
equivocado wrong, mistaken
la escalera stairs, ladder
esconder to hide
escuchar to listen to
el esfuerzo effort
España (*f.*) Spain
español Spanish, Spaniard
esperar to hope, wait for
la esposa wife
la esquina corner
el estado state
estar to be
la estatua statue
estrechar to press, shake (hands)
estrecho narrow
estropeado damaged, ruined
estudiar to study
estupefacto petrified
estupendo wonderful
explicar to explain
la exportación export
expulsar to expel, drive out

E

echar to throw
echar fuego por los ojos to glare
la edad age
el edificio building
el ejemplo example
sin embargo nevertheless
empezar (ie) to begin
el empleado clerk, employee

F

fácil easy
faltar to lack, be missing
feliz happy
feo ugly
la finca estate, farm
firmar to sign
la flor flower
fluir to flow

francés French, Frenchman
frenar to brake; **frenar en seco** to brake hard
fresco fresh
frío cold
el fuego fire
fuera out, outside
fuerte strong
fumar to smoke

G

la gata cat
la gente people
el gerente manager
el gesto gesture
golpear to hit
gordo fat
el gozo joy
gracias (*f.*) thanks
gran (de) big, great
el grifo tap
gritar to shout
grosero indelicate, coarse
guapo pretty, handsome
guardián: perro guardián (*m.*) watchdog
la guía guide book
guisar to cook
gustar to be pleasing
el gusto pleasure, taste

H

hablador talkative
hablar to speak
haber to have
hábilmente cleverly
la habitación room, dwelling
hacer to do, make; **hacerse** to become
hacia towards
el hambre (*f.*) hunger
hallar to find; **hallarse** to find oneself, to be
hasta up to, as far as, until
hay there is, there are
hecho done, made
el helado ice-cream
la hermana sister

el hermano brother
hermoso beautiful
la hija daughter
el hijo son
el hombre man
honrado honourable, honest
la hora hour
horrorizarse to be horrified
hoy today
la huerta (kitchen) garden
el hueso bone
huir to flee

I

la iglesia church
igual equal, similar
la importación import
importar to matter
inclinado leaning
Inglaterra (*f.*) England
inglés English, Englishman
el instituto (secondary) school
ir to go
la izquierda left

J

el jardín garden
el jefe chief
joven young
la joya jewel
la joyería jewellery, jeweller's shop
el joyero jeweller
el jugo juice
la juventud youth

L

el labriego farmer
el lado side
el ladrido bark
el ladrón thief
la langosta lobster
lanzar to throw; **lanzar un grito** to scream
largo long
lavar to wash
leal loyal
leer to read; **leyendo** reading
la legumbre vegetable

lejos far
lentamente slowly
levantarse to get up
libre free
el libro book
el licor liqueur
limpiar to clean
la localidad seat, locality
lograr to succeed in
luchar to fight
luego presently, then, soon
el lugar place
lunes (*m.*) Monday

LL

llamar to call
llamar por teléfono to phone
llegar to arrive
lleno full
llevar to wear, carry
llorar to weep

M

la madera wood
la madre mother
la magia magic
magnífico magnificent
la maleta suitcase
malhumorado bad-tempered
malo bad
la mañana morning, tomorrow
mandar to send
la mano hand
mantener to keep, maintain
el mar sea
la marcha march; departure; **estar en marcha** to be on the move
el marido husband
más more, most
más vale it is better
matar to kill
el matrimonio married couple, marriage
mayor greater, greatest; older, oldest
la mecanógrafa typist
el médico doctor
medio half
mejor better, best

menear to wag
el mercado market
la mesa table
el Metro Underground
mientras while
mimado spoilt
¡mira! Look!
la mirada look, glance
mirar to look at
mismo same, self, very
el modo manner; **de modo que** so that
molestar to bother
el momento moment; **al momento** immediately
la moneda money, coin
morder (ue) to bite
morir (ue -u) to die
el moro Moor
mostrar (ue) to show
mover (ue) to move
la muchedumbre crowd
el mueble piece of furniture
el muerto dead man
la mujer wife, woman
el mundo world; **todo el mundo** everybody
la muralla rampart, large wall
el museo museum
muy very

N

nada nothing; **de nada** not at all
nadie nobody
la naranja orange
necesitar to need
el niño, la niña child
no no, not
la noche night, late evening
el nombre name
el norte north
el norteamericano American (U.S.A.)
nos us, to us
las noticias news
el noviazgo engagement
el novio, la novia boyfriend, girl-friend, fiancé(e)

nuevo new; **de nuevo** anew, again
nunca never

O

la obra work
el obrero workman
obtener to obtain
ocasionar to cause
ocupado busy
el odio hatred
la Oficina de Correos Post Office
ofrecer to offer
oir to hear
el ojo eye
oler (a) to smell (of)
olvidar to forget
la oreja ear
a orillas de on the edge of
el oro gold
otra vez again
otro (an)other

P

el padre father
los padres parents
la paella paella (rice dish)
pagar to pay (for)
la página page
el país country
la palabra word
el pan bread
el pantalón trousers
el paquete parcel
par: abierto de par en par wide open
para for, in order to
el parabrisas windscreen
el paraguas umbrella
parar (se) to stop, land on
parecer to appear, seem
el pariente relation
partir to depart
pasar to pass, spend, happen, come in
pasado past, last
el pase pass (bullfighting)
la pata paw, foot (animal)
el pedido order (business)
pedir (i) to ask for

pelear to fight
peligroso dangerous
pensar (ie) to think
peor worse
pequeño small
perder (ie) to lose
perder de vista to lose sight of
perdonar to pardon
el periódico newspaper
pero but
el perro dog
pesado heavy
pesar to weigh
el pescado fish
el pescador fisherman
el pie foot
la piel skin
pintar to paint
el piso story, floor, flat; **el piso principal** first floor
el plato plate, dish
la playa beach
la plaza de toros bull ring
pobre poor, unfortunate
poco few, little
el policía policeman
la policía police
el pollo chicken
poner to put
ponerse en marcha to start, set off (car)
por for, through, along, by
por fin finally
porque because
¿por qué? Why?
por supuesto of course
el postre dessert
el precio price
precioso precious, excellent
preferir (ie) to prefer
la pregunta question; **hacer preguntas** to ask questions
preguntar to ask (question)
preocuparse to worry
presentar to introduce
prestar to lend; **prestar atención** to pay attention
primero (at) first

el primo, la prima cousin
principiar to begin
el principio beginning; **a principios de** at the beginning of
la prisa speed; **de prisa** quickly
el profesor schoolmaster
prohibir to forbid
prometer to promise
pronto soon, quickly
el propietario owner
la propina tip
próximo next, near(by)
la prueba proof
el pueblo village, nation
la puerta door
pues then, well, since, why!
el puesto stall
el punto point

Q

que who, which, what, whom, that, than
quedar (se) to remain
¿Qué hay? What's the matter?
quejarse to complain
querer to like, love, want
querer decir to mean
querido dear
el queso cheese
quien who, whom
quince días a fortnight
quitar to take off

R

la rama branch
el rato moment, while
la razón right, reason; **tener razón** to be right
el recibo receipt
la recompensa reward
refugiarse to take refuge
regalar to give a present
el regalo present
regatear to haggle, argue
rehusar to refuse
reirse (i) de to laugh at
el reloj watch
de repente suddenly

resultar: resulta más barato it is cheaper
el retraso delay
el rincón corner
riquísimo very rich
robar to rob
rodeado (de) surrounded (by)
rojo red
romper to break
roncar to snore
la ropa clothes
el ruido noise

S

sábado (*m.*) Saturday
saber to know
sacar to take out
la sala (de estar) living-room
salir to go out, leave
saludar to greet, salute
salvar to save
la sangre blood
la sed thirst
seguir (i) to follow
según according to
seguro sure
el sello stamp
la semana week
el señor sir, Mr., gentleman
la señora lady, wife, Mrs., madam
la señorita young lady, Miss
sentado sitting (seated)
sentarse (ie) to sit down
sentir (ie -i) to feel
servir (i) to serve
si if
sí yes
siempre always; **siempre que** whenever
el siglo century
silbar to whistle
el sillón armchair
simpático nice, charming, pleasant
sin without
sin embargo nevertheless
sino but
situado situated
sobre on (top of), over

sobre todo especially
el sobrino nephew
el socio partner
el sol sun
solo (*adj.*) alone, only
sólo (*adv.*) only
la sombra ghost, shadow
sonar (**ue**) to ring, sound
sonreir to smile
la sopa soup
sorprender to surprise
subir to go up, climb, get in
sucio dirty
la suegra mother-in-law
el suelo ground
sujetar to overcome
por supuesto of course
suspirar to sigh

T

tal such (a)
¿qué tal? How are you? (familiar)
también also
tan as, so, such
tardar to delay
tarde late
la tarde afternoon, evening
la tarjeta postal postcard
la taza cup
te you, to you
los tejidos textiles, woven goods
la tela cloth
el telón curtain (theatre)
tener to have, hold; **tener que** to have to
tercero third
terminar to end
la ternera veal
la terraza terrace
el tesoro treasure
el tiempo time, weather
el tío, la tía uncle, aunt
la toalla towel
tocar to touch, sound, play (instrument), ring
todavía yet, still
todo all, every
tomar to take

el toro bull
el torero bullfighter
la torre tower
trabajar to work
el trabajo work
traducir to translate
traer to bring, carry
el traje suit, dress
tranquilo quiet, peaceful
tras after
tratar (de) to try (to)
a través de across
tres three
tristemente sadly
turco Turkish

U

unos, -as some, a few
la uva grape

V

las vacaciones holidays
vacilar to hesitate
valer to be worth; **más vale** it is better
valeroso brave
el valor bravery, value
varios, -as various, several
el vaso glass, tumbler
el vendedor shop assistant, salesman
vender to sell
la ventana window
la ventanilla (small) window (car, train)
ver to see; **a ver** let's see
el verano summer
la verdad truth
verdadero true
el verdulero greengrocer
vergonzoso shameful, disgraceful
el vestíbulo hall
el vestido dress, suit
la vez time (occasion); **de vez en cuando** from time to time
viajar to travel
el viaje journey
el viajero traveller ·
viejo old

el viento wind
vigilar to watch, keep an eye on
el vino wine
la virtud virtue
la visita visit, visitor
la vista view
visto seen
vistoso showy, bright
vivir to live
vivo lively
volar to fly, blow upwards
volver (ue) to return
volverse (ue) to turn round
la voz voice
la vuelta return

Y

y and
ya now, already
yo I

ENGLISH-SPANISH VOCABULARY

A

about de
about ten o'clock a eso de las diez
to be about to estar para
above encima de
to accept aceptar
accident el accidente
to accompany acompañar
to ache doler (ue)
actor el actor
to admire admirar
to advise aconsejar
after después
afternoon la tarde
afterwards después
again otra vez, de nuevo
against contra
all todo
alone solo
along por
also también
always siempre
ancient antiguo
and y
angry, annoyed enfadado, enojado
another otro
anybody alguien, alguno
anything alguna cosa, algo
to apologize disculparse
apparent aparente
to appear aparecer; **to seem** parecer
to approach acercarse a
to argue discutir
argument la discusión
to arrive llegar
article el artículo
as como
to ask (for) pedir (i)
to ask (question) preguntar
to assure asegurar
at en, a
attractive atractivo

August agosto (*m.*)
autumn el otoño
away: three kilometres away a tres kilómetros de

B

badly mal
balcony el balcón
bar (café) el bar
bathroom el cuarto de baño
beach la playa
beard la barba
beautiful hermoso
because porque
to become hacerse
bedroom el dormitorio, la habitación
beer la cerveza
before antes
to begin empezar (ie), principiar
beginning, at the a principios de
to believe creer
besides además
better, best mejor
better, it is más vale
between entre
big grande
birthday el cumpleaños
bitterly amargamente
black negro
boat la barca
bone el hueso
book el libro
bored aburrido
bottle la botella
box el cajón
boy el chico
brandy el coñac
bread el pan
to break romper (se)
to bring traer, llevar
brother el hermano ·
bucket el cubo

to build construir
bull el toro
bullfight la corrida
bullfighter el torero
bus el autobús
business suburb el barrio comercial
busy ocupado
but pero, sino (rule 20c)
butcher el carnicero
to buy comprar
by por

C

café el café
to call llamar
can (to be able) poder
car el coche
carpet la alfombra
carriage (train) el coche
to carry llevar
cat el gato, la gata
to catch coger, agarrar, capturar
cathedral la catedral
to cause ocasionar
to cease cesar (de)
centre el centro
century el siglo
certain (a) cierto
certain (sure) seguro
chair la silla; **armchair** el sillón
cheap barato
cheerful alegre
cheese el queso
chicken el pollo
child el niño, hijo **(son)**; la niña, hija **(daughter)**
to choose elegir (i)
church la iglesia
cigar el puro
cigarette el cigarrillo
cinema el cine
city la ciudad
class la clase
to clean limpiar
client el cliente
close cerca de
to close cerrar (ie)
coffee el café

coin la moneda
cold frío
to be cold (weather) hacer frío
to feel cold (persons) tener frío
to come venir
to come down bajar (se)
to come into entrar (en)
comfortable cómodo
compartment el departamento
to complain quejarse
to consent consentir (ie -i)
consequence, in por consiguiente
contents el contenido
to continue seguir (i), continuar
to cook guisar
corner (inside) el rincón; **(outside)** la esquina
to cost costar (ue)
country (nation) el país; **country-side** el campo
couple (married) el matrimonio
course, of por supuesto
cousin el primo, la prima
criminal el bandido, el criminal
to cross atravesar (ie)
crowd la muchedumbre
cruel cruel
cup la taza
curiosity la curiosidad
custom la costumbre
customer el cliente
customs la aduana
customs officer el aduanero, el carabinero

D

to dance bailar
date la fecha
to dare atreverse (a)
daughter la hija
day el día
deal, a great mucho
dear (expensive) caro; **(beloved)** querido
December diciembre (*m.*)
to decide decidir, decidirse a
to declare declarar

delightful encantador
to deserve merecer
dessert el postre
detail el detalle
to die morir (ue -u)
to dig excavar
dining-room el comedor
to disappear desaparecer
disaster el desastre
to discover descubrir
dish el plato
to do hacer
doctor el médico, el doctor
dog el perro
door la puerta
dozen una docena
drawing-room el salón
to dress vestirse (i)
to drink beber
to drive conducir
duty el deber

E

each cada
each one cada uno (-a)
ear la oreja
early temprano
to earn ganar
easy fácil
to eat comer
effort el esfuerzo
eighth octavo
either; not . . . either no . . .
  tampoco
elder mayor
eleven once
embarrassed desconcertado
England Inglaterra (f.)
English (man) inglés
enormous enorme
to enter entrar (en)
enthusiasm el entusiasmo
entrance la entrada
episode el episodio
especially especialmente, sobre todo
even aun, hasta
evening la tarde
eventually por fin, al final

ever jamás
every cada
everybody, everyone todo el mundo
everything todo
everywhere por todas partes
to examine examinar
expensive caro
to explain explicar

F

face la cara
facing cara a, en frente de
to fall caer
family la familia
famous célebre, famoso
far lejos
as far as hasta
farmer el labriego
fast rápido
father el padre
favourite favorito
to feel sentir (ie -i)
to feel inclined to tener ganas de
few pocos
a few algunos
fewer menos
field el campo
fifth quinto
to fight pelear, luchar
finally por fin, al fin
to find encontrar (ue), hallar
to finish acabar, terminar
fireman el bombero
firm (business) una casa de comercio,
  una casa comercial
first primero
at first primero, al principio
first floor el piso principal
fish el pescado
fisherman el pescador
five cinco
flat el piso
floor (story) el piso
flower la flor
to follow seguir (i)
fond of aficionado a
food la comida
foot el pie; **(animal)** la pata

on foot a pie
for por, para; **(because)** porque
forbidden prohibido
to form formar
formality la formalidad
the former ... the latter aquél ... éste
fortnight quince días
four cuatro
French(man) francés
Friday viernes (*m.*)
friend el amigo, la amiga
to frighten asustar
from de, desde
in front of delante de
fruit la fruta
full lleno
furious furioso

G

garage el garaje
garden (flowers) el jardín; **(vegetables)** la huerta
garlic el ajo
German alemán
to get annoyed enfadarse, enojarse
to get out salir
to get up levantarse
girl la niña, la muchacha
to give dar
glass el vaso **(tumbler)**; la copa, la copita **(wine glass)**
glorious glorioso
to go ir; **let us go** vamos
to go in entrar (en)
to go out salir
to go to bed acostarse (ue)
to go up subir
gold el oro
good bueno
grandfather el abuelo
grandmother la abuela
grape la uva
great grande
greatly mucho
greengrocer el verdulero
to grow (plants) cultivar
guard el guardia

H

to haggle regatear
half medio; la mitad
half an hour media hora
hall el vestíbulo
hand la mano
to happen pasar
to be happy ser feliz, estar contento
hard duro
hard-working trabajador
to hasten apresurarse (a)
to have (possess) tener; (*with Past Part.*) haber
to have just acabar de
to have to tener que
he él
head la cabeza
to hear oir
to help ayudar
Henry Enrique
here aquí
to hesitate vacilar
to hide esconder
history la historia
hole el agujero
to be on holiday estar de vacaciones
holidays las vacaciones
home la casa; **at home** en casa
to hope esperar
hot, it is hace calor
hotel el hotel
house la casa
how como, qué
however sin embargo
how many? ¿cuántos?
how much? ¿cuánto?
a hundred cien, ciento
hundreds centenares
hungry, to be tener hambre (*f.*)
hurt herido
husband el marido

I

idea la idea
ill enfermo
immediately inmediatamente
important importante
impossible imposible

in en
inhabitant el habitante
intelligent inteligente
to introduce presentar
to invite convidar, invitar

J

January enero (*m.*)
jewel la joya
jeweller el joyero
jeweller's shop la joyería
journey el viaje
June junio (*m.*)
just; to be just about to estar a
punto de
just; to have just acabar de

K

to kill matar
kitchen la cocina
to knock llamar
to know (as a fact) saber
to know (be acquainted with)
conocer

L

ladder la escalera
lady la señora
large grande
last último
last night anoche
late tarde
late: to be half an hour late traer
media hora de retraso
latter éste
to laugh at reirse de
lawyer el abogado
to lean apoyar
leather el cuero
to leave dejar, salir de
left la izquierda
less menos
to let (allow) dejar, permitir
letter la carta
to like (people) querer; **(things)**
gustar
to listen to escuchar
a little un poco
to live vivir

lively vivo
living-room la sala (de estar)
London Londres
long largo
to look (appear, seem) parecer
to look at mirar
to look for buscar
to lose perder (ie)
loud alto
loved by amado de, querido de
lovely hermoso
lunch: to (have) lunch comer

M

mad loco
main road la carretera
to make hacer
man el hombre
to manage to conseguir (i)
many muchos
March marzo (*m.*)
market el mercado
to marry casarse con
matter: what's the matter? ¿Qué
hay?
**matter: what's the matter with
you?** ¿Qué tiene Vd.?
May mayo (*m.*)
meal la comida
meat la carne
to meet encontrar (ue)
midday mediodía (*m.*)
midnight medianoche (*f.*)
million un millón (de)
minute el minuto
missing, to be faltar
modern moderno
moment el momento
Monday lunes (*m.*)
money el dinero; **money order** el
giro postal
month el mes
more más
morning la mañana; **good-morning**
buenos días
most más
to move mover (ue)
mother la madre

much mucho
museum el museo

N

name el nombre
near cerca de
neither . . . nor ni . . . ni
never nunca, jamás
nevertheless sin embargo
new nuevo; **anything new** algo nuevo
newspaper el diario, el periódico
next próximo
night la noche
nine nueve
no no; ninguno
nobody nadie
noise el ruido
none ninguno
nothing nada
notice; to take notice hacer caso
now ahora

O

to observe observar
October octubre (*m.*)
of de
to offer ofrecer
office el despacho, la oficina
officer (customs) el aduanero
oil el aceite
old viejo
old; how old are you? ¿Cuántos años tiene Vd.?
older mayor, más viejo
on en, sobre; (taps) abierto
on Tuesday el martes
once una vez
once, at en seguida, inmediatamente
only (*adv.*) sólo, solamente
to open abrir
opinion la opinión
orange la naranja
orchestra la orquesta
order (business) el pedido
order; in order to para
other otro
ought (use *deber*)

out, outside fuera, afuera
owner el propietario

P

packet el paquete
to paint pintar
palace el palacio
pale pálido
palm tree la palmera
paper (news) el diario, el periódico
parcel el paquete
parents los padres
partner el socio
to pass pasar
passenger el pasajero
passport el pasaporte
to pay (for) pagar
to pay attention prestar atención
pear la pera
period (historical) la época
to permit permitir
to persuade persuadir
petrol la gasolina
Philip Felipe
phone el teléfono
to phone telefonear, llamar por teléfono
pity la lástima
place el sitio
plate el plato
platform el andén
to play jugar (ue)
people la gente
pleasant agradable
please por favor
pleased contento, alegre
pocket el bolsillo
poet el poeta
police la policía
policeman el policía
police station la Comisaría de Policía
poor pobre
to post echar al buzón
postcard la tarjeta postal
postman el cartero
Post Office la Oficina (Casa) de Correos

potato la patata
to prefer preferir (ie -i)
to prepare preparar
pretty bonito
price el precio
prison la cárcel
to promise prometer
to propose proponer
to protest protestar
proverb el proverbio
to put poner
to put out apagar

Q

question la pregunta
queue la cola
quickly rápidamente, de prisa
quiet tranquilo

R

radiator el radiador
to rain llover (ue)
rapidly rápidamente
to read leer
ready, to get preparar (se) a
receipt el recibo
to receive recibir
to refuse rehusar, negarse a
registered certificado
to remember acordarse (ue) de
to repeat repetir (i)
to reply contestar
restaurant el restaurante
to return volver (ue)
ring (bull) la plaza de toros
to ring (sound) sonar (ue)
road la carretera, el camino
to roast asar
Roman romano
room el cuarto, la habitación
ruin la ruina
to run correr

S

sad triste, melancólico
sailor el marinero, marino
saint el santo
to salute saludar

same mismo
Saturday sábado (*m.*)
to save salvar
Savings Bank la Caja de Ahorros
to say decir
scandal el escándalo
sea el mar
second segundo
secretary la secretaria
to see ver
to seem parecer
seen visto
to seize coger, agarrar, apoderarse de
self mismo
to sell vender
to send mandar, enviar
to set off (put in motion) poner (se) en marcha
to set out (for) salir (para)
seven siete
shade la sombra
to shake (hands) estrechar (la mano)
she ella
to shine brillar
shop el comercio, la tienda
short of, to be faltar
shortly brevemente, dentro de poco
to show mostrar (ue)
shower, to have a ducharse
to shout gritar
to shut cerrar (ie)
side el lado
to sign firmar
sir señor
sister la hermana
to sit down sentarse (ie)
sitting (seated) sentado
sitting-room la sala (de estar)
situated situado
situation la situación
six seis
sixth sexto
sky el cielo
to sleep dormir (ue -u)
slowly lentamente
small pequeño
to smell (of) oler (a)
to smoke fumar

so (so that)   de modo que
so (thus)   así
so (well as)   tan (bien como)
so many   tantos
so much   tanto
soldier   el soldado
some   unos, algunos
someone   alguien
son   el hijo
soon   pronto
soon after   poco después
sorry, I'm very   lo siento mucho
soup   la sopa
Spaniard, Spanish   (el) español
Spain   España (f.)
to speak   hablar
specially   sobre todo, especialmente
to spend (time)   pasar
sport   el deporte
spot   el lugar, el sitio
spring(time)   la primavera
stairs   la escalera
stall (market)   el puesto
stamp   el sello
to start   empezar (ie), principiar
station   la estación
to stay   quedar (se)
to stop   parar (se)
story (house)   el piso
street   la calle
student   el estudiante
to study   estudiar
suburb   el barrio
to succeed in   lograr, conseguir (i)
such   tal
suddenly   de repente
suit   el traje
suitcase   la maleta
summer   el verano
sun   el sol
Sunday   domingo (m.)
supper, to have   cenar
surprise   la sorpresa
surrounded by   rodeado de
suspicious   desconfiado

T

table   la mesa

to take   tomar, llevar **(carry)**; conducir **(lead, accompany)**
to take notice   hacer caso
to take out   sacar
to take place   tener lugar
to talk   hablar
talkative   hablador
tall   alto
tap   el grifo
ten   diez
terrible   terrible
than   que, de (with numeral)
to thank for   agradecer
thank you, thanks very much   muchas gracias
that   que; eso, ese, ése, aquello, aquel aquél
theatre   el teatro
then   entonces, luego
there   allí
there is, there are   hay
thief   el ladrón
thing   la cosa
to think   pensar (ie), creer **(believe)**
to think of   pensar en
third   tercero
thirsty, to be   tener sed (f.)
this   esto, este, éste
three   tres
through   por
tie   la corbata
time (hour)   la hora
time (in history)   la época
time (occasion)   la vez
time (while)   el rato
time, the busiest (rush hour)   la hora de congestión máxima
from time to time   de vez en cuando
tired   cansado
to   a, en, hasta **(up to, as far as)**
today   hoy
tomato   el tomate
tomorrow   mañana (f.)
too (with adj.)   demasiado
too (also)   también
too many   demasiados
too much   demasiado
too old to   demasiado (muy) viejo para

tourist el turista
towards hacia
town la ciudad
traffic la circulación
train el tren
to travel viajar
traveller el viajero
trousers el pantalón, los pantalones
to try tratar (de), intentar, procurar
Tuesday martes (*m.*)
to turn round volver (se) (ue)
two dos

U

ugly feo
uncle el tío
under bajo, debajo de
to understand comprender
unfortunately por desgracia
until hasta
used to (*Imperfect tense*)
useful útil
usually generalmente

V

vegetable la legumbre
very muy
view la vista
village la aldea, el pueblo
to visit visitar
voice la voz

W

to wait (for) esperar
waiter el camarero
to walk ir (a pie), andar
wallet la cartera
to want querer, desear
to wash lavarse
watch el reloj
water el agua (*f.*)
weather el tiempo
the weather is fine hace buen tiempo

wedding el matrimonio
week la semana
well bien
what (that which) lo que
what, what a qué
when cuando
where donde
which que, qué, cuál, lo que, lo cual
while mientras
while, a un rato
to whistle silbar
white blanco
whose cuyo
why? ¿por qué?
wide open abierto de par en par
wife la mujer, la esposa
wind el viento
window la ventana
window (train, car) la ventanilla
wine el vino
winter el invierno
to wish querer, desear
with con
without sin
woman la mujer
word la palabra
work el trabajo
to work trabajar
to work hard trabajar mucho
workman el obrero
world el mundo
worse peor
worth while, to be valer la pena
to write escribir
wrong, to be no tener razón

Y

year el año
yesterday ayer
yet todavía, aún
young joven
youth (adolescence) la juventud

INDEX OF GRAMMAR

1. Regular, irregular and radical-changing verbs are drawn up in separate tables on pages 178–182.

2. The number refers to the chapter, the letter to the paragraph in the grammar sections.